A CRIANÇA E O FUTURO

AMÉLIA THEREZA DE MOURA VASCONCELLOS

A CRIANÇA E O FUTURO

Fundamentos biopsicossociais

Editora de Cultura

ISBN: 978-85-293-0136-5

EDITORA DE CULTURA
Rua Pimenta Bueno, 324
03066-000 – São Paulo – SP
Fone: (11) 2894-5100
Fax: (11) 2894-5099

sac@editoradecultura.com.br
www.editoradecultura.com.br

Primeira edição: Outubro de 2009
Impressão: 5ª 4ª 3ª 2ª 1ª
Ano: 13 12 11 10 09

Dados Internacionais de Catalogação-na-Publicação (CIP)
Elaboração: Aglaé de Lima Fierli CRB- 9/412)

V 446c Vasconcellos, Amélia Thereza de Moura, 1929-
A criança e o futuro: fundamentos biopsicossociais / Amélia Thereza de Moura Vasconcellos. São Paulo: Editora de Cultura, 2009.
168p. : 16 x 23 cm.

ISBN: 978-85-293-0136-5

1. Psicologia infantil. 2. Psicologia do desenvolvimento. 3. Psiquiatria infantil. 4. Psiquiatria do adolescente. 5. Criança – Saúde mental. 6. Estudos biopsicossociais da criança. I. Título.

CDD 155.4

Índice para catálogo sistemático

Criança : Psicologia do desenvolvimento	155.7
Criança : Adolescente : Estudos biopsicossociais	155.412
Psiquiatria : Criança : Adolescente	616.8914
Psicanálise infantil : Família	616.8917
Psicanálise do adolescente : Família	616.9289
Psicologia infantil : Psicologia do Adolescente	155.4
Criança : saúde mental	613.0432

SUMÁRIO

Prefácio

Amélia Thereza de Moura Vasconcellos não precisa de apresentação – é marco de um nascimento. Nascimento de uma época, nascimento de uma tradição. Tradição fértil, que gerou tantos caminhos diferentes e tantos outros nascimentos.

Eram os anos 70, anos que inauguravam a psicologia como profissão e, neste início, a psicanálise marcava seus passos na Universidade de São Paulo.

Durval Marcondes, dentre outros pioneiros, havia introduzido a psicanálise e as práticas clínicas na universidade. Muitos inícios ocorreram, inclusive o do solo que fertilizou a atual clínica psicológica do Departamento de Psicologia Clínica do Ipusp – Clínica Durval Marcondes.

Os primeiros documentos que o acervo da Clínica Durval Marcondes possui registram esses primeiros passos e as características desse trabalho.

É nesse contexto que Amélia surge e ganha lugar. Observação de bebês seguindo os moldes de Ester Bick era, já nessa época, um curso valorizado por aqueles que queriam tornar-se psicoterapeutas.

Amélia Vasconcellos, Durval Marcondes, Virgínia Bicudo, Lígia Amaral são alguns dos brasileiros que participaram do berço da psicanálise no Brasil e que para cá trouxeram seus conhecimentos e experiências.

Dos anos 70 até este novo século, muitas gerações de psicólogos e psicoterapeutas se formaram. E muitas gerações receberam contribuições do curso e dos trabalhos dirigidos por Amélia Vasconcellos. E, após tantas décadas de trabalho, Amélia e sua experiência falam por si mesmas.

Nesse contexto, é importante ainda lembrar Oswaldo Di Loreto com suas contribuições tão valiosas e inovadoras na clínica das psicoses e transtornos graves na infância e adolescência.

O pioneirismo é marca daqueles que inauguram e trilham novos caminhos. Com esses pioneiros, a psicologia e psicanálise ganharam corpo e ampliaram muitos campos de trabalho. Campos que continuam a se diversificar na atualidade com novos desafios e questões.

Os avanços ocorridos no século passado e no presente acompanham uma época em que tanto a mulher quanto a criança e o adolescente ganham lugar de sujeito, um lugar de um ser considerado humano desde seu nascimento, um lugar de um ser com direitos desde o início.

A mulher conquista o direito ao voto, ganha liberdade sexual com o advento dos métodos contraceptivos e com essas e tantas outras mudanças, cada vez mais, vai ocupando lugar de importância nos mais variados setores da sociedade. O mesmo ocorre com a criança e o adolescente, que cada vez mais têm papel de participação e decisão na família, surgindo inclusive nos anos 90 o ECA, Estatuto da Criança e do Adolescente.

Em um tempo em que a mulher, a criança e o adolescente fizeram e fazem tantas revoluções, novas demandas e mudanças surgem em velocidade vertiginosa.

Freud, ao postular as bases da psicanálise, começou uma revolução que trouxe à luz muitas questões humanas, dentre elas, a repressão da sexualidade. Se Freud pudesse assistir à libertação sexual ocorrida desde os anos 60, por certo poderia confirmar a veracidade de muitas de suas observações nos trabalho com a histeria. Mulheres e homens puderam ter acesso a seus desejos e escolhê-los, inclusive os sexuais. Mulheres e homens avançaram muitos passos na conquista da liberdade de seus próprios desejos. No final do século XIX e primeiras décadas do século XX, Freud desenvolveu um trabalho que facilitou conquistas que surgiriam muitas décadas depois e que seriam confirmadas através da lei.

Anna Freud, Melanie Klein, Donald W. Winnicott inovaram ao facilitar a crianças e adolescentes a conquista do lugar de seres pensantes e desejantes desde o nascimento. Mais uma vez, muitas décadas foram necessárias para que as mudanças fossem confirmadas sob a forma de lei. Em 1990, é promulgado o ECA. E assim a história se repete, nos dizendo da importância desses pioneiros, que, abrindo fronteiras, possibilitaram a existência de profundas mudanças humanas e verdadeiras revoluções sociais.

Na atualidade, os desafios para quem trabalha nessa área tornaram-se cada vez maiores e, em sendo assim, temos necessidade de muitas Amélias... Pioneirismo, revolução, inovação são alguns dos ingredientes desses intrépidos que podem nos guiar para desenvolver nosso trabalho em um mundo em mudanças constantes e vertiginosas.

Reunir textos escritos por Amélia em épocas e contextos diferentes cumpre esse objetivo. Oferece modelos e direções de quem fez um longo percurso e, por ter percorrido o caminho, tem experiência. Experiência que, ao ficar registrada, cumpre o papel de memória. Memória que descortina novas possibilidades e progressos.

É uma satisfação e uma honra participar da organização deste livro, uma coletânea de trabalhos de Amélia Vasconcellos, minha colega na academia. Tenho certeza de que será valioso, auxiliando no surgimento, nos dias atuais e no futuro, de novos pioneiros.

IVONISE FERNANDES DA MOTTA

Instituto de Psicologia da Universidade de São Paulo

Introdução: Revisões

Prefácio a *Aprendendo a conviver com adolescentes*, de Francisco Baptista Neto e Luiz Carlos Osório. Florianópolis: Insular, 2000.

A leitura do livro de Osório e Chico, companheiros de profissão e amigos de longa data, e sua gentil proposta para eu escrever alguns comentários à guisa de prefácio, além de muito me honrar com o convite, serviu-me de estímulo e desafio para algumas reflexões e suscitou algumas reminiscências de minha própria adolescência e também sobre mim como pessoa e como profissional.

Este livro evidencia o quanto se progrediu nestas últimas décadas na busca de compreensão e diálogo com os jovens adolescentes. A primeira vez que tive contato com o tema, ainda adolescente e aluna do curso de professores do Instituto de Educação do Paraná, foi com um artigo publicado no jornal do Grêmio Estudantil Julia Wanderley em 1945, cuja leitura muito me tocou quando percebi pontos de identificação por estar naquele momento vivenciando problemas normais da crise da adolescência, principalmente em relação aos aspectos vocacionais e conflitos familiares em busca de autonomia.

Recordo o quanto fiquei emocionada, em 1949, ao verificar que, em pesquisa sobre a adolescência feita pela Secretaria de Educação do Paraná com os alunos do curso científico do Colégio Estadual do Paraná, meu texto havia sido um dos escolhidos pelos pesquisadores para os comentários por conter ansiedades típicas dos adolescentes de então. Naquela época, embora gostasse muito de ensinar, eu já havia decidido estudar medicina e desejava encontrar uma especialidade na área da saúde que também incorporasse meu interesse pela educação, privilegiando o trabalho com crianças e adolescentes.

Trabalhei em grupo escolar, exercendo o magistério, durante toda a minha formação acadêmica, adquirindo boa experiência de contato com crianças na área de ensino. Desenvolvia concomitantemente trabalho de saúde escolar, vinculado ao Serviço de Higiene Escolar da Secretaria de Saúde do Paraná – fazendo atendimento e encaminhamento de situações emergenciais, dando aulas de hábitos higiênicos, preparando o cadastro dos alunos, com abreugrafia e exames parasitológicos, para inspeção médica e fornecimento de carteira de saúde e vacinação.

Depois de formada e após residência no Hospital das Clínicas de São Paulo, retornei a Curitiba, onde trabalhei no Serviço de Orientação Educacional com as adolescentes do Colégio Estadual do Paraná, sobretudo na área de educação sexual e educação vocacional, conversando com as jovens sobre a emancipação da mulher, que começava a se intensificar no final dos anos 1950, e analisando com elas a importância de manter a feminilidade no exercício das mais diversas profissões. Ao mesmo tempo, exerci a pediatria como especialidade médica, sendo professora-assistente da cadeira de pediatria da Faculdade de Medicina da Universidade Federal do Paraná.

A prática clínica, sobretudo nas situações de emergência (atendimento no primeiro pronto-socorro infantil de Curitiba), determinou meu retorno a São Paulo em 1961 para aperfeiçoamento nas áreas de neurologia e psiquiatria infantil. Frequentando a primeira turma do curso de formação psiquiátrica organizado por Madre Cristina no Sedes Sapientiae, tive os primeiros contatos com a psicanálise, direcionando meu interesse para os aspectos psicodinâmicos, o que favoreceu minha decisão de buscar formação na área da psicanálise, sempre privilegiando o trabalho com a criança, o adolescente e a família. Assim, creio poder afirmar que a minha história profissional acompanhou de perto o evoluir do estudo da psiquiatria, da psicologia e da psicanálise da criança e do adolescente em São Paulo. Ao buscar aperfeiçoamento na área da saúde mental, tive o privilégio de conviver com grandes mestres, primeiros brasileiros interessados na divulgação de estudos referentes a essas faixas etárias, tendo não somente sido uma de suas alunas e estagiárias, mas também participado das organizações associativas referentes ao trabalho com a criança, o adolescente e a família no Brasil.

Participei em 1967 da I Jornada Brasileira de Psiquiatria Infantil, em Guarujá (SP), quando conheci os três representantes do Rio Grande do Sul: Luiz Carlos Osório, Salvador Célia e Nilo Fichtner, com os quais mantenho laços de companheirismo e de grande e duradoura amizade, fundada nos mesmos ideais de buscar, em nossa prática profissional, favorecer a melhor integração entre aqueles que trabalham com a criança, o adolescente e a família no desenvolvimento e na construção do ser humano do futuro, abordando não somente os aspectos da patologia, mas enfatizando o trabalho preventivo. Nesta ocasião, houve a fundação, em 4/01/1967, da Associação Brasileira de Neurologia e Psiquiatria Infantil e Profissões Afins (Abenepi), que teve importante papel na difusão da psiquiatria da infância e adolescência em todo o país, através dos capítulos que se organizaram em vários estados e a partir de conferências, seminários, cursos, jornadas e congressos realizados a cada dois anos, que continuam acontecendo após mais de três décadas.

Ocupei vários cargos nesta associação, tanto no capítulo paulista (tesoureira, secretária-geral, vice-presidente, presidente, secretária de patrimônio) como na diretoria nacional (secretária-geral, vice-presidente, presidente, secretária de patrimônio). Acho importante mencionar a Abenepi por se constituir na mais antiga associação no Brasil, quiçá na América Latina, dedicada ao estudo e à atualização da psiquiatria da infância e da adolescência, tendo logo se filiado aos organismos internacionais, o que permitiu maior intercâmbio científico com entidades similares, bem como maior entrosamento entre os primeiros profissionais brasileiros interessados na especialidade. Entre os fundadores da associação, que promoveram a realização da Jornada de Guarujá, estavam meus primeiros mestres:

Dr. Antonio Branco Lefèvre, que criou uma escola de neurologistas de crianças no Brasil e, além de idealizador e fundador, foi o primeiro presidente da Abenepi;

Dr. Stanislau Krynski, primeiro psiquiatra de crianças do Brasil, também idealizador, fundador e presidente da Abenepi, representante da América do Sul no I Congresso Latino-Americano da Infância e Adolescência, realizado em 1969 em Punta del Este, Uruguai, sob os auspícios Associação Internacional de Psiquiatria da Infância e Adolescência e Profissões Afins (Iacapap), na época presidida pelo Dr. Serge Lebovici (França), tendo como vice-presidente o Dr. Luis Enrique Prego e Silva (Uruguai);

Dr. Haim Grunspun, também idealizador, fundador e presidente da Abenepi em seus primórdios, professor de psiquiatria da infância e da adolescência no Instituto Sedes Sapientiae, formador de várias gerações de especialistas na área. Em 1961, quando eu era sua aluna, generosamente me propiciou participar como observadora de grupos terapêuticos de adolescentes e de pais de adolescentes. Mais tarde, por ser médico e advogado, foi um dos idealizadores e principais redatores do Estatuto da Criança e do Adolescente.

Devo ainda mencionar entre os pioneiros com os quais muito aprendi:

Célia Sodré Dória (*Madre Cristina*), fundadora do Instituto Sedes Sapientiae (1977), centro de formação e atendimento psicoterápico de crianças e adolescentes, organizadora do curso de formação psiquiátrica do qual fui aluna em 1961;

Dr. Pedro de Alcântara Marcondes Machado, professor titular de pediatria da Faculdade de Medicina da Universidade de São Paulo, fundador do Serviço de Higiene Mental vinculado ao seu departamento, tendo organizado, em parceria com o *Dr. Stanislau Krynski, Dra. Dulce Marcondes Machado, Dra. Celina Deluqui* e *Dr. Oswaldo Dante Di Loreto*, um curso de formação de psiquiatras de crianças e adolescentes, no qual aprendi, em 1962, as bases da psiquiatria infantil. O curso enfatizava a correlação entre a biologia, a psicologia e a repercussão emocional do *stress*, interferindo e determinando manifestações psicossomáticas no processo de desenvolvimento do ser humano.

Fiz minha formação como psicanalista na Sociedade Brasileira de Psicanálise de São Paulo, complementada no trabalho psicanalítico com crianças e adolescentes ao participar – em fins de semana, durante dois anos e meio (1970 a 1973) – de cursos organizados pelo *Dr. Fábio Leite Lobo* na Sociedade de Psicanálise do Rio de Janeiro, com vários professores argentinos convidados (José Bleger, Edgard Rolla, Leon Grimberg, Rebeca Grimberg, Angel Garma, Betty Garma e muitos outros), destacando de forma especial o curso de psicoterapia de crianças ministrado por *Arminda Aberastury* e o curso de psicoterapia de adolescentes ministrado pelo *Dr. Eduardo Kalina*, cada um deles com um ano de duração. Nessa ocasião, conheci *Carlos Castelar Pinto*, participando com ele dos mesmos seminários.

Quando assumi a presidência do Centro de Estudos Luís Vizzoni, dos alunos do Instituto de Psicanálise de São Paulo, em parceria com o Dr. Fábio Leite Lobo, organizei em São Paulo duas turmas em cursos similares de psicoterapia de crianças e adolescentes com os mesmos professores argentinos, com duração de dois anos e meio (1972 a 1975). Consistia em seminários teóricos e clínicos, com supervisão, sendo um dos grupos destinado aos alunos (20) em formação no Instituto de Psicanálise interessados no trabalho com crianças e adolescentes, e o outro a profissionais psiquiatras e psicólogos (50) já trabalhando com essas faixas etárias e aspirantes a realizar sua formação psicanalítica (o que foi efetivado posteriormente pela quase totalidade deste grupo).

Devido ao falecimento da professora Arminda Aberastury em outubro de 1972, quem assumiu o curso de psicoterapia de crianças foi o *Dr. Maurício Knobel*, que então ainda residia na Argentina. Creio que estes cursos foram de grande importância no desenvolvimento do trabalho com crianças e adolescentes em São Paulo, quiçá no Brasil. Entre outros argentinos convidados pelo Centro Luis Vizzoni para ministrar cursos em São Paulo, estavam a *Dra. Raquel Soifer*, que por diversas vezes trouxe sua grande contribuição à compreensão da psicologia da gestação, parto e puerpério, da psicologia do desenvolvimento e da importância da família no estabelecimento dos primeiros vínculos; o *Dr. Isidoro Berenstein* no trabalho com a inter-relação familiar; *José Bleger, Eduardo Sallas, Suzana Lustig de Ferrer* e muitos outros.

Entretanto, acho importante salientar o papel especial desempenhado por *Eduardo Kalina*, que, através de vários cursos, participação em inúmeros congressos e seminários, publicação em português de livros próprios e divulgação de bibliografia internacional sobre adolescência não somente no Brasil, mas em toda a América Latina, foi certamente o maior divulgador da atualização no estudo dessas faixas etárias. Com destaque para a importância da compreensão da realidade vivenciada pelo adolescente; a normalidade das reações maníacas e psicopáticas como forma de defesa em relação à depressão decorrente do momento crítico de sua vida, com vivência de várias perdas no limiar de assumir sua condição de adulto, mas ainda sendo criança; e a psicopatologia decorrente de estruturas mais frágeis, com maiores dificuldades para aceitar frustrações e limitações, desenvolvendo quadros mais graves, com muitos buscando refúgio narcísico no "espinafre" mágico das drogas. Queria dar especial destaque à sua generosidade, sempre disposto a colaborar nas mais variadas atividades de nossas associações, participando ativamente na fundação da Appias, colaborando sempre com os congressos da Abenepi e com congressos latino-americanos.

Em 1980, a Sociedade Brasileira de Psicanálise de São Paulo, de forma pioneira, oficializou no Brasil o primeiro curso de formação de psicanalistas de crianças e adolescentes, vinculado ao Instituto de Psicanálise, com três anos de duração, convidando os professores uruguaios *Dr. Luis Enrique Prego* e *Silva e Dra. Vida Prego de Maberino*, que, juntamente com *Virgínia Bicudo e Frank Phillips*, ministraram os primeiros seminários e supervisão de casos clínicos, com a exigência de acompanhamento de três casos em diferentes faixas etárias. Frequentei esta primeira turma, fazendo supervisão oficial do caso de adolescente com a Dra. Vida Prego de Maberino, o que muito enriqueceu meu conhecimento teórico e técnico no trabalho psicoterápico com jovens.

Em 1995, ao presidir o X Congresso Latino-Americano de Psiquiatria da Infância e Adolescência, realizado em Curitiba (PR), como presidente da comissão científica, propus reservar um espaço especial para tratar de assuntos referentes à adolescência, estendendo este trabalho para a comunidade, com fóruns especiais, e em separado para professores, pediatras, pais e para os próprios adolescentes. Nesta última atividade, realizada no Colégio Estadual do Paraná, tivemos a presença de 600 adolescentes, que, em clima de abertura, enviaram por escrito seus questionamentos aos três psicanalistas em disponibilidade para o diálogo: *Dr. Sérgio Trunci* (Paraná), *Dr. José Ottoni Outeiral* (Rio Grande do Sul) e *Dra. Amélia T. de M. Vasconcellos* (São Paulo), estabelecendo-se ampla e rica discussão a partir das perguntas efetuadas que, com maior frequência, se referiam a conflitos com os pais e com os professores, questões sobre a sexualidade e o uso de drogas.

Estes são temas muito presentes na vida dos jovens e estão muito bem abordados na forma de perguntas e respostas no livro de Chico e Osório, sendo sempre temas bastante atuais.

Neste mesmo congresso, foi fundada a Federação Latino-Americana de Psiquiatria da Infância, Adolescência, Família e Profissões Afins (Flapia), que a cada dois anos realiza congressos, buscando reiteradamente congregar os profissionais da América Latina que trabalham com a criança, o adolescente, a família e a comunidade, instâncias que não podem e nem devem ser abordadas separadamente. A criança e o adolescente não existem sem a família, a qual por sua vez está em permanente conexão com a comunidade e a cultura em que está inserida. Se estas não estão presentes objetivamente no manifesto do comportamento, com certeza estão presentes subjetivamente no latente. Assim, deve-se sempre buscar uma ação profissional com abordagem mais global, de forma integrada, sem se restringir a uma visão parcial do adolescente. Foi o que tentei realizar quando presidente da Flapia ao organizar em 1998, em São Paulo, o I Congresso Brasileiro da Flapia, tendo como tema "Ética, Cidadania e Solidariedade. O resgate dos valores humanos no trabalho com crianças, adolescentes, família e comunidade", reunindo profissionais da saúde, educação, direito, ciências sociais e filosofia do Brasil e da América Latina, com cursos, conferências e mesas-redondas sobre vários temas que permitiram reflexão e diálogo transdisciplinar.

Desde 1985, organizei e dirijo o Instituto de Psiquiatria e Psicoterapia da Infância e Adolescência (Ippia), em São Paulo, no qual existem várias atividades dentro dessa visão abrangente, incluindo cursos de formação, pós-graduação e reciclagem, tendo como objetivo o ensino, o atendimento e a pesquisa para o aperfeiçoamento de profissionais nas áreas de saúde, educação, justiça, serviço social e outras que trabalham com crianças, adolescentes e famílias, com ou sem transtornos mentais, com o propósito de favorecer a saúde mental.

***

Como assinalei no início desta revisão sobre minha formação pessoal e exercício profissional durante mais de 50 anos, sempre desenvolvi um trabalho vinculado à criança e ao adolescente, acompanhando o evoluir do conhecimento científico dessas faixas etárias.

O estudo e a compreensão da crise normal da adolescência, em abordagem adequada sob a forma de perguntas e respostas feita pelos autores do livro, em ampla gama de manifestações comportamentais, coincide com meu pensamento de que este tema não pode ser visto de maneira isolada, pois é fruto de experiências prévias que ocorrem de maneira lenta e gradual através do processo de desenvolvimento, tendo implicações genéticas, transmitidas no momento da concepção, com posteriores interferências ambientais – tanto familiares como socioeconômicas e culturais e até mesmo ecológicas e religiosas.

O ser humano é muito complexo e específico em sua experiência peculiar existencial, o que dificulta a compreensão dos meandros de sua personalidade. Pode-se fazer algumas conjecturas sobre as características de cada indivíduo em cada etapa de seu desenvolvimento a partir de pontos comuns ontogenéticos e filogenéticos, de diferentes olhares e descrições de vários autores; porém, não se pode perder de vista a especificidade da experiência vital de cada um na construção de sua própria identidade.

Isto posto, desejo ressaltar a importância de uma reflexão profunda entre o normal e o patológico, muito bem abordada no livro, levando em conta as condições ambientais do mundo contemporâneo e as extraordinárias transformações ocorridas na cultura pós-moderna.

O normal não representa apenas o mais comum; assim, é inadequado supervalorizar dados estatísticos de pesquisas – principalmente quando feitas em culturas diferentes da brasileira. Elas nos ajudam a compreender uma parte manifesta dos fatos, mas não revelam a essência do ser humano, que é diferente do animal impulsivo, porque tem a capacidade de construir sua identidade a partir de valores intrínsecos e característicos de sua condição humana.

O desenvolvimento e a maturação do mundo mental na construção do próprio Eu permite o estabelecimento da capacidade de discriminar entre o desejo e a realidade, de refletir sobre os acontecimentos, tendo por referencial as experiências anteriores e as que são transmitidas familiar e culturalmente, podendo antecipar as consequências e assumir a responsabilidade sobre a escolha da ação, ou seja, ter uma escala de valores própria da condição humana, como a amizade, o amor, a honestidade, a justiça, a verdade, o brio, o respeito, a solidariedade, a gratidão e outros mais. Estes são valores eternos, que se transmitem através das gerações, apesar das grandes transformações culturais e históricas. Creio que em todas as respostas às diferentes questões apresentadas os autores conseguiram manter a fidelidade aos valores perenes da condição humana.

1

ESTRUTURA E DESENVOLVIMENTO DA PERSONALIDADE

Apresentado no Congresso da Associação Brasileira de Neurologia e Psiquiatria Infantil (Abenepi), Canela, RS, 1982.

A estrutura da personalidade desenvolve-se no sentido biopsicossocial, onde o modelo biológico serve de base ao desenvolvimento psicológico e ao social, havendo estreita relação entre eles.

Cada bebê, desde o início, é uma pessoa, específica e única, dotada de pré-concepções herdadas que geneticamente determinam expectativas em relação ao mundo externo, que lhe propiciam sentimentos, emoções, maneiras peculiares de reagir aos vários estados emocionais com os quais se defronta. Sua história pessoal começa a partir do nascimento, ou seja, da transição da vivência intrauterina ao contato e às primeiras relações com o mundo externo, os conteúdos emocionais com os quais vai vivenciar esta transição e as experiências com a mãe e seus posteriores desenvolvimentos. O bebê recém-nascido não é apenas um conjunto de reflexos medulares e/ou automáticos, mas um ser vivo dotado de sensibilidade, de um sensório e de um psiquismo, capaz de reconhecer as sensações dolorosas e diferenciá-las daquelas que lhe podem proporcionar satisfações.

A criança, já desde embrião e feto, necessita do corpo da mãe para sua sobrevivência, mantendo essa dependência absoluta dela ou de sua substituta após o nascimento e as primeiras fases de sua vida. Necessita da mãe de maneira intensa, e é ela quem responde, muitas vezes com extrema intuição, às demandas da criança, tais como fome, frio, desconforto, sede, amor. É desse modo que todos os detalhes mais precoces do cuidado físico que a mãe dispensa ao seu bebê constituem questões psíquicas para a criança e estão na raiz de sua forma básica de estabelecer contatos posteriormente. Se o bebê tem suas necessidades básicas satisfatoriamente preenchidas, sente que é acolhido e amado. A mãe sabe, intuitivamente, qual a necessidade mais premente de seu bebê; ao expressar amor em termos de cuidados físicos, evita o caos para o bebê e vai se consolidando perante ele como uma pessoa que ele pode reconhecer, com quem pode estabelecer um vínculo. Isto vai lhe permitir, quando adulto, reconhecer que alguém lhe proporcionou um bom começo e que os seus valores podem ser acolhidos pelo ambiente; é a base para a consolidação de sua personalidade, em termos de segurança interna e desenvolvimento da autoestima.

Margareth Mahler, na sua contribuição para a teoria do desenvolvimento emocional, partindo da observação da relação mãe-bebê e do tratamento psicanalítico de crianças psicóticas, sustenta a ocorrência de três fases:

- fase autística;
- fase simbiótica;
- fase de separação-individuação.

Fase autística normal: compreende aproximadamente as quatro primeiras semanas de vida. A característica central desta fase é que o bebê não está plenamente consciente da existência da mãe, havendo tendência a fechar-se sobre si mesmo na tentativa de restabelecer o equilíbrio homeostático com o novo meio, ou seja, o ambiente exterior, e recorre ao sono para proteger-se da intensidade dos estímulos externos.

Esse fechamento sobre si mesmo é uma defesa, com negação da existência do mundo real, porque o bebê tem uma estrutura muito frágil e desorganizada, sem condições de responder ao excesso de estímulos externos.

Fase simbiótica: estende-se do segundo ao quarto ou quinto mês de vida e é assinalada pela chegada do riso social. O bebê funciona como se ele e a mãe fossem uma unidade dupla contida por uma membrana comum. O termo "simbiose" descreve esse estado de fusão, de falta de diferenciação, em que sujeito e objeto, o eu e o outro (não-eu) não estão separados – o bebê está fusionado intrapsiquicamente com a mãe.

No começo desta fase, o estado autístico cede lugar ao estado simbiótico e experiências de contato corporal mãe-filho assumem papel importante na constituição deste novo estado. O bebê começa a perceber, obscuramente, que a satisfação de suas necessidades básicas é feita por um objeto parcial – a mãe –, mesmo sendo ele parte dessa unidade dupla simbiótica. Assim, a relação simbiótica é a fonte primária de todas as relações humanas. Na experiência clínica é muito frequente perceber nas relações humanas a busca ideal do outro como correspondência plena de gratificações, que satisfaça a todas as necessidades básicas, tal como ocorreu com a mãe simbiótica, cujo modelo prévio já foi experimentado na mais tenra infância, quiçá no próprio período gestacional – ou seja, a mãe-placenta, que nutre; a mãe-útero, que protege e abriga, abrindo gradualmente espaço para o desenvolvimento.

Durante a fase autística, os elementos corporais são predominantemente proprioceptivos-enteroceptivos. Na fase simbiótica, estes gradualmente mudam sua direção para a periferia sensório-perceptiva; daí a maior percepção do bebê na concordância de suas ações com as da mãe, levando a gratificações, ou na discordância, levando a frustrações.

Essas duas fases, autística e simbiótica, são etapas normais do período inicial da vida extrauterina em que ainda não existe plena diferenciação mãe-bebê. Na autística, a relação é anaobjetal (sem objeto) e na simbiótica é pré-objetal. É importante que o bebê atravesse normalmente essas duas fases para entrar na fase seguinte.

Fase de separação-individuação: dura aproximadamente dos 4-5 meses de vida até os 30-36 meses, consistindo de duas linhas complementares: a separação mãe-filho e a individuação da criança. A separação é a dissolução da fusão simbiótica com a mãe, na qual o pai desempenha papel de suma importância, entrando como o elemento diferencial, interferindo e cindindo com sua presença a relação mãe-bebê, enquanto a gradual aquisição das características individuais próprias do bebê vão constituir a sua individuação.

Nesta fase, o desenvolvimento das funções perceptuais do bebê o levam da direção interiorizada para o exterior, e as aquisições motoras do engatinhar e andar, que lhe permitem sair de perto e voltar para perto da mãe, vão favorecendo suas tentativas de criar sua própria independência e autonomia. Antes, o bebê observava a movimentação da mãe e se angustiava por não poder deslocar-se de igual forma para alcançar os objetos que o atraíam à custa de sua percepção visual. Para aliviar-se da angústia, defensivamente procurava, através de um mecanismo de identificação, estar nos mesmos lugares e sentir-se um com ela, pelo processo simbiótico.

Na medida em que sua maturação motora começa a se processar, favorecida pelo processo de mielinização do sistema nervoso, ele passa a perceber-se com movimentos autônomos, deslocamentos próprios, e a sentir-se um ser independente, capaz de realizar atos voluntários, saindo do estado de dependência que tanto o angustiava. Os primeiros indícios de diferenciação aparecem através de condutas como tocar a mãe com as mãos, tentativa de puxar seus cabelos, suas orelhas, tocar seus lábios, tomar distância para vê-la melhor, com intensificação nos processos de exploração, que evoluem para a constituição da função cognitiva de avaliar o desconhecido.

A mielinização no sentido céfalo-caudal e o amadurecimento dos elementos sensoriais, principalmente visão e audição, são de suma importância para a discriminação do Eu, Não-Eu, permitindo ao bebê comparar a mãe e diferenciá-la em relação aos demais objetos de seu mundo experimental, podendo vê-la e senti-la de um modo mais abrangente, de relação total. Também contribuem para este processo de separação–individuação a rápida diferenciação corporal, o estabelecimento de um laço específico e o desenvolvimento e funcionamento do mundo mental próprio da criança, apesar de sua proximidade com a mãe. Soma-se a isso a aquisição das funções motoras – o engatinhar e o andar – que lhe permitem afastamentos e reaproximações, e posteriormente a aquisição da fala e do controle esfincteriano, num processo evolutivo com progressos e retrocessos presentes todo o tempo e em todos os indivíduos, acompanhados de crises de angústia de maior ou menor grau, desde a primeira etapa de dependência total, iniciada pela cesura do parto, até uma situação de independência e autonomia.

Quem já conviveu com bebês no primeiro ano de vida pôde observar vários estados emocionais, desde a mais tenra idade, como manifestações de aflição, desconforto, choro, crises de raiva, de pesar, de dor e de tristeza. Essas manifestações correspondem ao aumento da excitação intrapsíquica que tende a uma descarga com a dupla finalidade, para o bebê, de livrar-se do aumento de estímulos e de poder comunicar suas necessidades específicas através do processo de identificação projetiva, descrito por Melanie Klein.

Freud discutiu a função da mãe como escudo protetor ao abordar a proteção necessária contra os poderosos estímulos externos e internos. Para Winnicott, a vivência do cuidado materno é a base da integração do mundo mental do lactante e de suas possibilidades de estabelecer boas relações com o mundo exterior. A experiência subjetiva da maternagem, na sua totalidade, dá à criança a confiança necessária em relação ao ambiente que a cerca, o que lhe permite atingir progressivamente uma relativa independência. Para J. Robertson, o resultado do período de adaptação do lactante é positivo quando a mãe experimenta prazer não somente em ter um filho, mas também nas atividades de maternagem, e é consciente dos estados emocionais de seu filho, sendo capaz de "metabolizar" a elevada angústia – que é normal neste período – a serviço do filho.

Deve-se ressaltar, no entanto, que essa função da mãe de escudo protetor é uma função delimitada na totalidade de suas vivências maternas, uma instância especial de sua personalidade e de seu funcionamento emocional. Esse desempenho pode ser invadido e comprometido por suas necessidades e conflitos pessoais, o que pode acarretar uma falha em sua tarefa – ao que a criança certamente irá reagir. Surge aqui a importância da presença paterna. A boa relação afetivo-emocional da mãe com o pai do bebê é de suma importância para o bom desempenho da função materna, pois lhe traz a segurança e o equilíbrio emocional necessários para o bom desenvolvimento de sua relação com a criança. A mãe pode ser um bom continente para a criança se tiver a proteção amorosa e afetiva do pai de seu filho.

A mulher, mais subjetiva, introspectiva, intuitiva, pela sua própria condição biológica, é um ser continente; daí a facilidade com que se identifica com o outro – e fundamentalmente com seu filho. O homem, mais objetivo, penetrante, lógico, favorece o contato com a realidade, com o mundo externo, permitindo à mulher o resgate de sua personalidade adulta para discriminar-se do filho e este da mãe. Por isso, a presença efetiva do pai é um fator fundamental no processo de separação–individuação do ser humano.

Além desses aspectos dependentes das condições ambientais familiares, existe um aspecto muito importante, ressaltado por W. Bion, que é a capacidade do bebê de tolerar frustrações, a qual é inata e contém variações pessoais, levando-o a uma dupla situação: evadir-se da frustração através de processos de negação e de alucinação, ou tentar modificar a experiência, utilizando-se de recursos de pensamento para conter a angústia decorrente da frustração.

Partindo do princípio de que normalmente as frustrações ocorrerão sempre na vida do ser humano, porque fazem parte da dialética existencial, o importante é perceber a maneira como cada um desenvolve sua capacidade de lidar com a angústia subsequente às frustrações naturais da vida. Pouco adianta a um bebê ter à sua disposição pais amorosos e dedicados se não tiver condições de tolerar as vicissitudes existentes nessa relação; tudo dependerá de sua capacidade específica de suportar as frustrações inevitáveis e presentes nesse convívio.

Se um bebê, mesmo em circunstâncias adversas, puder ter um grau de acolhimento das condições que impedem a realização de seus desejos e necessidades, sua evolução psíquica não ficará tão marcada quanto à daquele que não puder ter aceitação dessa realidade. Na repetição sucessiva das frustrações e na impossibilidade de confrontar-se com elas, o bebê busca alternativas ou cria um mundo imaginário, capaz de lhe proporcionar as satisfações que as circunstância estão lhe recusando – seja regredindo a etapas anteriores do seu desenvolvimento emocional, como as do autismo ou da simbiose, seja buscando, se houver condições para isso, sua esfera somática para situar em nível do pensamento, surgindo desordens psicossomática de expressividade polimorfa. O acúmulo de excitações psíquicas, devido à não satisfação de necessidades e de desejos, tende a uma resolução, seja através de uma distorção da percepção da realidade, seja através da utilização da esfera somática como continente de aflições que a mente, ainda em evolução, não tem condições de suportar.

A capacidade para tolerar a frustração permite que se desenvolvam pensamentos que funcionam como um instrumento através do qual a angústia, parcialmente suportada, se torne mais tolerável. Se a relação mãe-bebê está funcionando relativamente bem no sentido de a mãe cumprir razoavelmente o atendimento das necessidades do filho, ocorre o desenvolvimento de um sentido de realidade, inicialmente rudimentar e frágil, que vai se constituindo progressivamente num sentimento de realidade mais estável. Um distúrbio nessa relação, decorrente da impossibilidade de conter e pensar as frustrações, redunda em consequências sérias para a saúde mental do bebê, na medida em que mecanismos anômalos são postos em movimento para dar um destino ao aumento de angústia que se torna intolerável.

Sem advogar uma causa psicológica para todos os distúrbios somáticos do primeiro ano de vida, pode-se levantar algumas idéias a respeito da interação mente-corpo na criança e sua correlação com o vínculo pai-mãe-bebê, tendo em vista a provável baixa de resistência física devida ao estado de tensão decorrente da dificuldade de elaboração da angústia em função de situações de frustração mal toleradas. Os problemas psicopatológicos da primeira infância podem, assim, situar-se como tendo lugar na relação mãe-filho de forma direta, e na relação dos pais de forma indireta, podendo ou não acompanhar-se de manifestações clínicas detectáveis e com repercussões reversíveis ou definitivas. Abre-se desse modo um campo novo para investigações, no qual nosso conhecimento atual pode ser considerado superficial quando comparado à magnitude dos problemas à espera de melhor compreensão. No entanto, pode-se já vislumbrar algumas questões concernentes a possíveis condutas no campo da profilaxia de distúrbios psiquiátricos na primeira infância.

Partindo do princípio de que a criança é um ser em evolução, que o período fundamental em que se assentam as bases de sua estruturação psicológica é o das primeiras etapas de seu desenvolvimento, qualquer trabalho realizado em termos de prevenção primária ou secundária deve ter em mente os processos maturativos da personalidade em sua interação com o meio exterior, fundamentalmente representado pela mãe e pela dupla parental em interação.

2

O BRINCAR E A SAÚDE

Apresentado no Congresso da IPA, São Paulo, SP, 5/11/1997.

Em minha longa experiência profissional – na área educacional, como professora primária e universitária, na área médica, como pediatra, e posteriormente como psiquiatra infantil e psicanalista de crianças e adolescentes –, sempre levei em conta o trabalho com a criança na perspectiva de construir o ser humano do futuro, aquele que irá reger os destinos de nosso país e até mesmo os da humanidade. Ultimamente, tenho tido uma preocupação muito grande com os rumos da educação moderna – sem limites –, e porque sinto que a criança está tendo pouca oportunidade de se desenvolver de modo adequado à sua realidade humana. Ou seja, de ser pensante que constrói, num processo gradual, sua mente e sua personalidade a partir de sua estruturação genética e através da experiência vincular e relacional que vivencia no ambiente em que está inserida.

A criança precisa ter um meio de cultura que favoreça seu desenvolvimento, seu amadurecimento. Ninguém nasce pronto. O ser humano é um dos seres animais que nasce com menor capacitação para sobreviver sozinho e é aquele que consegue o maior desenvolvimento em nível mental, utilizando sua capacidade de pensar, de refletir sobre a existência, de prever e antecipar os acontecimentos, de livremente escolher o melhor caminho a seguir a partir da reflexão, de considerar as consequências de seus atos e de, através de sua criatividade, buscar situações e soluções mais satisfatórias para o seu aperfeiçoamento.

Desde o momento de seu nascimento, o bebê é um ser imaturo que necessita receber atendimento próximo e constante devido a sua total incapacidade de sobreviver por si só. As condições necessárias e importantes que favorecem seu desenvolvimento e processo de maturação estão diretamente vinculadas ao acolhimento e afeto que ele recebe no seio familiar, como um caldo de cultura – ou uma segunda gestação, extracorpórea –, que alimenta, protege e dá espaço para a expansão, a individuação e o aperfeiçoamento do novo ser em estruturação. A situação de total incapacidade de autonomia no momento do nascimento vai gradualmente se transformando, ao longo do processo de desenvolvimento, até atingir a plenitude da maturidade do ser que pensa, do Homo Sapiens. Através da criatividade, ele consegue superar suas deficiências e frustrações de ser limitado – como, por exemplo, ser capaz de "voar sem ter asas". Todo ser humano é dotado de enorme potencial de criatividade e sente prazer no jogo lúdico criativo. Assim, o brincar se insere na possibilidade de expansão de sua capacidade criativa e é fundamental no desenvolvimento e na exercitação de sua capacidade de pensar. Há, portanto, estreita relação entre o brincar e a saúde mental.

Em relação aos aspectos específicos da saúde mental, é muito importante haver boa qualidade de vida, saúde física e emocional, boa condição alimentar, habitacional, de trabalho, de lazer, de vida de relação, pois a condição socioeconômica e cultural é fundamental para que o ser humano se realize em sua plenitude não só como indivíduo, mas também como ser social.

* * *

Existem vários conceitos de saúde e doença. A Organização Mundial de Saúde define saúde como "o estado completo de bem-estar físico, mental e social". É um conceito amplo, estático, utópico e absoluto. San Martin já procura relativizar, considerando saúde não apenas como ausência de doença, mas como "um estado dinâmico, variável, de tolerância, compreensão e adaptação do ser humano à realidade". Em relação à saúde mental, Winnicott afirma que "saúde é a ausência de doença psiconeurótica, estando vinculada ao processo de maturação, o qual se faz em nível de Ego e na medida em que se estrutura a personalidade do indivíduo". Destaca a importância dos cuidados ao bebê (continência, manejo e apresentação de objetos) na produção da saúde ou doença do adulto, embora existam pessoas que, apesar de desvantagens iniciais, conseguem desenvolver uma vida saudável. Essas pessoas atualmente são chamadas de resilientes. As pessoas saudáveis, segundo Winnicott, experienciam três áreas:

1. a vida no mundo (relações interpessoais e relações com o mundo externo);
2. a vida da realidade psíquica própria (relações intrapsíquicas e com o mundo interno);
3. a experiência cultural (herança do acervo humano: artes, mitos, história, filosofia etc.).

Diz ele que a democracia é uma indicação de saúde, porque se origina naturalmente na família, que é em si mesma uma construção feita a partir da responsabilidade de indivíduos saudáveis. Com esta afirmação, valoriza o papel da família no desenvolvimento saudável da personalidade do indivíduo e da sociedade.

O desenvolvimento do indivíduo se faz durante um longo processo, que começa intrauterinamente, segundo estudos mais recentes, e às vezes nunca termina, mas que, teoricamente, deveria se completar quando o indivíduo atinge a maturidade. Assim, é importante definir o conceito de maturidade. Ser maduro é reconhecer o próprio valor, a capacidade de lidar com a realidade objetiva, transformando-a criativamente quando ela não atende às necessidades básicas para a sobrevivência e a realização do indivíduo como pessoa e como ser social. Quando não há gratificação suficiente, surge a ansiedade, devida à frustração, que, quando excessiva, ou por baixo limiar de tolerância, pode determinar desorganização psíquica, que se expressa por vários quadros psicopatológicos. Quando o indivíduo tem boa tolerância à frustração, o processo de desenvolvimento prossegue gerando, através da experiência vital e da criatividade, melhores condições de adaptação ou a transformação da realidade frustrante em algo mais gratificante.

Todo ser humano apresenta, de maneira inata, o desejo de satisfação imediata de suas necessidades. Esse desejo vem de uma vivência primitiva – a da ausência de frustração na vida intrauterina, quando, de modo geneticamente pré-determinado, o corpo da mãe fornece alimento contínuo, proteção extrema e plena possibilidade expansão. O organismo fetal vai se dividindo, se multiplicando, através de um comando genético que favorece a interação entre o organismo materno e o fetal. A partir dessa interação, inicialmente biológica, a vida fetal vai se organizando por multiplicação e integração celular, em constante divisão e estruturação, compondo um organismo que, ainda na vida fetal e também após o nascimento, vai se constituindo como uma unidade e ao longo do processo de desenvolvimento vai atingir, na maturidade, a condição de um ser humano equilibrado, dentro de uma integração biopsicossocial.

Cada ser humano tem a sua história, através do contato e da interação com o meio ambiente em que está inserido. O processo de desenvolvimento da personalidade, que é longo, tem na sua base uma estrutura biológica em interação com o mundo externo, o que favorece a estruturação da personalidade específica de cada indivíduo. Não existem no mundo pessoas iguais, pois, mesmo sendo gêmeas univitelinas, podem não ter a mesma composição genética e vão desenvolver características psíquicas peculiares pelas diferenças na sua relação com o mundo externo. Dentro desta multiplicidade, do enorme número de pessoas que existe no mundo, é maravilhoso perceber a especificidade que caracteriza a riqueza peculiar que cada um traz dentro de si e determina sua condição de ser único e insubstituível.

O desenvolvimento emocional do ser humano foi descrito por Freud usando a palavra lieb – que em alemão quer dizer amor –, e definindo como libido a força energética de que cada um dispõe para buscar a união, o vínculo, a integração com os objetos do mundo externo e, através desta experiência relacional, organizar sua personalidade, buscando sua realização como pessoa e ser social.

A psiquiatra argentina Raquel Soifer define a saúde mental da criança e do jovem como "o grau de organização psíquica, de desenvolvimento libidinal e de aptidões psicofísicas adequadas para a idade cronológica da criança e do adolescente". No filme apresentado, mostrando crianças hospitalizadas, apareceram situações especiais que podem determinar paradas em seu desenvolvimento e no processo de estruturação de sua personalidade. Assim, muitas vezes, por uma série de interferências, o desenvolvimento psíquico da criança pode apresentar alterações com desvios do comportamento ou características psicofísicas não correspondentes à sua idade cronológica. Para a referida médica argentina, no quadro da saúde mental da criança e do adolescente, a doença "é a existência de sintomas psíquicos, psicossomáticos ou da vida de relação, ocasionados por conflitos inconscientes que determinaram múltiplas carências de aprendizagem e consequente vigência de zonas de desorganização do Ego, com persistência de atitudes simbióticas correspondentes a uma idade evolutiva anterior". Pelo exposto, percebe-se que os conceitos de saúde e doença se apresentam dentro de um conceito evolutivo e de um processo de maturação.

* * *

Existe uma vivência simbiótica muito intensa no processo gestacional, no qual mãe e filho formam uma unidade, vivenciada e provavelmente registrada pelo feto de modo precoce e gradual na medida em que vai havendo a maturação de seu sistema nervoso, que é um dos primeiros a se organizar.

Estudos recentes estabelecem que a partir do sexto mês de gestação o feto já é um ser alerta (*aware*), que já tem a capacidade de registrar a experiência de vivência intrauterina, a qual é para ele muito satisfatória, pois não tem nenhuma necessidade, uma vez que o corpo da mãe supre tudo de que ele necessita para se desenvolver. Esta vivência de plenitude, dentro do *Princípio do Prazer Absoluto*, é provavelmente a base do que Freud chamou de *Narcisismo Primário* ou "*Complexo de Deus*", pois ele se sente perfeito, poderoso, completo; um ser que se basta, que é o autor da própria vida, em torno de quem tudo o mais gira; um ser que possui os atributos divinos de onipotência, onisciência e onipresença.

Tudo isto favorece a centralização do indivíduo em si mesmo durante parte do processo gestacional. Mas, a partir de um certo momento – ou seja, do sétimo mês de gestação em diante –, o espaço intrauterino começa a ficar reduzido, e, ao sentir-se cada vez mais apertado, seu desejo de expansão e de liberdade o obriga a nascer. O desencadear do parto é determinado por mudanças hormonais do feto em conexão com mudanças hormonais da mãe. Se não houvesse restrição do espaço, além do determinismo biológico, provavelmente não haveria o desejo de sair do útero, onde as vivências são muito confortáveis, principalmente nos primeiros meses de gestação, quando o feto recebe todos os nutrientes sem fazer nenhum esforço, está extremamente protegido e tem muita possibilidade de se expandir, pois o útero é elástico e vai se dilatando, abrindo espaço gradualmente até um certo limite, que se inicia por volta do sétimo mês de gestação. Sem tal limite, o feto nunca desejaria sair do útero! Assim, o limite é fundamental para o nascimento e para a individuação, caso contrário, não surgiria o desejo de independência nem o desenvolvimento da própria identidade.

Em nossa sociedade atual, por um erro de interpretação e pela absolutização do conceito de liberdade, se faz a liberação total do desejo da criança, seguindo o modelo da vida intrauterina e procurando satisfazê-la em todos os seus caprichos, sem perceber o quanto isso impede seu desenvolvimento e seu processo de maturação. A restrição e uma certa dose de frustração suportável são fundamentais para a percepção da realidade limitante e para a adaptação a ela, assim como para o desenvolvimento do mundo mental e da criatividade. Não é impedir tudo e frustrar constantemente a criança, mas também não é satisfazer a todos os seus desejos.

A disciplina dentro do *Princípio da Realidade* permite a maturação egoica. A frustração é necessária para que haja a criatividade. É a partir da frustração, da percepção de seu limite, que a criança busca se identificar com o adulto. E através da atividade lúdica, pelo brincar, ela tenta elaborar a realidade frustrante que lhe impõe limites, se exercita na fantasia do "faz de conta", como uma preparação para assumir posteriormente o seu papel adulto e adaptado na sociedade. Em função disso, o brincar é visto como o precursor do trabalho, sendo considerado de extremo valor para o crescimento e a adaptação da criança à realidade. O limite favorece a criatividade e a busca de novos recursos.

Ninguém consegue viver totalmente isolado, a não ser em fantasia narcisística autista, supondo que não precisa de ninguém, que o mundo externo não existe e que se autobasta. No filme que passou, apareceu uma criança hospitalizada vivendo uma situação traumática de manipulação e de separação de seus referenciais domésticos, o que determinou uma retração autista e de busca de autoestimulação e gratificação. A criança tenta se autoalimentar pondo a mãozinha na boca e sugando-a com avidez, retirando desta forma seu contato com o mundo externo de forma defensiva. Isto é uma defesa que também existe na bactéria: se o meio está adverso ao seu desenvolvimento, ela se enquista. Para o bebê ou para indivíduos extremamente traumatizados pelo mundo externo, quando os estímulos estão sendo insuportáveis, impossível de ser metabolizados e elaborados no nível mental, surge uma retração autista defensiva, acarretando perda de contato com a realidade, e isso não promove crescimento.

Após o nascimento, o ser humano passa de uma situação de dependência extrema, intrauterina, para uma situação de contato com o mundo externo, no qual constrói gradualmente a sua independência. Durante o processo gestacional, tinha o útero e a placenta como intermediários entre o seu corpo e o de sua mãe – e isto de certa forma continua depois que ele nasce, pois, ao buscar um referencial no mundo externo, busca instintivamente no corpo da mãe algo em que possa se fixar. Por isso é tão importante que, logo ao nascer, a criança recupere este referencial, inicialmente através da amamentação e gradualmente através da percepção de sua identidade separada da mãe. A presença do pai favorece esta percepção e funciona como agente discriminador. Assim, a família serve de suporte durante os primeiros anos de vida e, "protegendo sem abafar, dando liberdade sem abandonar", vai favorecendo o desenvolvimento da identidade do filho.

⁂

O Brasil está atualmente vivenciando uma situação difícil do ponto de vista socioeconômico e cultural, e o governo e a população estão buscando soluções criativas que permitam melhores condições de vida.

Um dos grandes problemas atuais é o das crianças abandonadas, que ficam entregues à própria sorte – e não são somente as de baixa condição socioeconômica, mas também as crianças de famílias abastadas, que se encontram tão abandonadas quanto as crianças pobres, porque os pais atuais estão muito ausentes; as famílias, desestruturadas; e, assim, não se realiza a "segunda gestação dentro da família", que é a célula mater da sociedade, o local onde se plasma o indivíduo e sua personalidade. "A função da família é ensinar o filho a cuidar da vida", afirma a Dra. Raquel Soifer. E, neste processo, uma das funções dos pais é dar oportunidade e ensinar o filho a BRINCAR. Assim, o resgate dos valores humanos através do trabalho com a família é fundamental, e isto é favorecido pelo convívio e pela participação conjunta na atividade lúdica.

É muito importante que se diminuam as situações traumáticas – como abandono, maus-tratos, abusos e todas as violências contra a criança e o adolescente – e que se procure estimular maior contato familiar e lúdico, pois o brinquedo também tem uma função terapêutica. Freud afirma que o jogo expressa aspectos inconscientes da criança e do púbere; portanto, tem um significado traduzível e, estando a serviço do Eros, permite elaborar situações traumáticas e possibilita a sublimação de impulsos instintivos, além de ter características de atividade criadora. Por ação de Tânatos, pode estar sujeito à compulsão, à repetição do desagradável, que muitas vezes se observa na atividade lúdica da criança.

Para Lebovici e Diatkine, "o brinquedo é uma ação livre, sentida como fictícia e situada fora da vida habitual".

A Dra. Raquel Soifer afirma que o brinquedo, além de estimular a fantasia, permite à criança aprender a realidade e conhecer o mundo dos adultos. É uma atividade exploratória, que facilita a elaboração de ansiedades e conflitos, ajuda a configurar noções de espaço, tempo, relações e funcionamento social. Pelo movimento que realiza ao brincar a criança também aumenta sua destreza muscular e com ela sua autoconfiança.

A psicanalista argentina Arminda Aberastury afirma que ao brincar a criança desloca para o exterior seus medos, angústias e problemas internos, dominando-os mediante a ação. Pela repetição, o domínio sobre objetos externos ao seu alcance lhe permite modificar situações que foram excessivas para seu *Ego Frágil* e que lhe foram penosas, passando a tolerar papéis e situações que sofreu passivamente em algo dominado ativamente através do jogo. A *compulsão à repetição*, descrita por Freud, leva o indivíduo a revivenciar situações não elaboradas inconscientes, e lhe permite trazê-las cada vez mais à consciência e à sua elaboração. Assim, o brinquedo das crianças, quando é normal, progride constantemente para identificações cada vez mais próximas da realidade. O brincar no primeiro ano de vida dá as bases do jogo e as sublimações na infância, além de conduzir ao jogo do amor.

Os primeiros brinquedos que a criança tem são o seu corpo e o de sua mãe. Com o contato pele a pele durante a amamentação, com o tocar, ver, cheirar, escutar sua fala, sentir seu gosto, ela vai gradualmente percebendo a existência do seio separado de si e vai estabelecer, por meio deste contato, o reconhecimento de si mesma e de seu corpo, aprendendo a distinguir a presença ou a ausência da mãe como algo individualizado e separado dela. Por volta dos 3,5 meses de idade, esta percepção se intensifica, pois pela coordenação visomotora, começa a tocar o que vê e a ter a experiência de realidade. Um pouco mais tarde, por volta dos 6 meses, quando senta, já vê o mundo de forma diferente, mais ampla, e passa a perceber com maior clareza sua separação. Começa a sentir seu Eu separado em relação aos pais, impotente e incapaz, pois começa a discriminar que quem se movimenta, quem a alimenta, quem usa a conversa para se comunicar são eles, que se relacionam de uma forma ideal que ela gostaria de ter, de ligação permanente, como a que vivenciou intrauterinamente.

Pela impossibilidade de domínio corporal, de locomoção e de comunicação verbal, sente-se excluída desta relação (*Édipo Precoce*) e entra em depressão por sentir-se impotente, incapaz, insuficiente. Os pais são tudo, e ela é insignificante. Esse é um momento muito importante no desenvolvimento emocional da criança – e do ser humano –, pois é quando se dá conta de seus impulsos agressivos e invejosos, mobilizados pela frustração de não ser perfeita, de "não ser Deus", de perceber suas limitações. Surgem os sentimentos de culpa pela agressividade e, por amor aos pais, busca controlar seus impulsos destrutivos, procurando substituí-los por atitudes amorosas reparadoras. Assim, a criança passa a se esforçar para andar, para se comunicar, para começar a desenvolver sua independência física, o que é favorecido pelo próprio processo de maturação neurológica e biológica. Ocorre o processo de simbolização, em que a palavra – símbolo – substitui o objeto mentalmente, podendo ser recriado tantas vezes quanto ela desejar. É uma forma de iniciar sua independência e aliviar-se do sentimento de dependência total dos pais. A criança sai de uma relação dual, exclusivista, simbiótica, para uma relação triangular, em que deseja ser participante da relação dos pais, mas de forma mais independente.

Ao conseguir andar, falar, controlar seu corpo e seus impulsos, a criança sente-se independente (*Identidade como pessoa*) e novamente poderosa, buscando igualar-se ao adulto, entrando em franca competição com o progenitor de mesmo sexo (*Complexo de Édipo*), desejando produzir vida com o progenitor de sexo oposto (*Tendências incestuosas*). A colocação clara da diferenciação entre a vida de adulto e a de criança, com direitos e deveres, favorece a elaboração desta etapa, com a aceitação dos limites e a postergação dos impulsos sexuais genitais. O interesse básico será deslocado para a aprendizagem, desejando aprender com o adulto seu papel futuro na sociedade como homem ou mulher (*Desenvolvimento da identidade sexual*). Na puberdade e adolescência, com a maturação sexual biológica, há uma reativação desses impulsos, mas agora já dominados pelo desenvolvimento superegoico resultante do processo de identificação sexual e aceitação dos limites.

A atividade lúdica acompanha cada uma destas etapas e ajuda sua elaboração. Assim, J. Chateau considera diferentes tipos de jogo de acordo com o desenvolvimento e a idade:

- Jogos Funcionais (de 0 até 6-7 anos)
- Jogos Hedonísticos (a vida toda)
- Jogos com Novidades (de 0 a 3 anos)
- Jogos de Destruição (de 0 até 11-12 anos)
- Jogos de Desordem ou Impulsivos (de 0 até 11-12 anos)
- Jogos Figurativos (de 0 até 11-12 anos)

- Jogos de Construção (de 2 até 11-12anos)
- Jogos de Regra Arbitrária (de 3 até 11-12anos)
- Jogos de Proezas (de 3-4 anos até 9-10 anos)
- Jogos de Disputa (de 9 anos em diante)
- Danças (de 4-5 anos em diante)
- Cerimônias (de 7-8 anos em diante)

Cada ser humano nasce com uma força integrativa, geneticamente herdada – a força de vida, que neutraliza a tendência desorganizativa, também atávica. A experiência vital, com gratificações e frustrações, vai enriquecer ou agravar as reservas de organização e desorganização internas. Na doença, estes processos vão ocorrer de forma patológica. A psicoterapia ludoterápica visa trabalhar no sentido de reversão deste processo, favorecendo a integração e o desenvolvimento da personalidade.

O indivíduo inicia sua vida dominado pelo *Principio do Prazer Absoluto* e pelo *Narcisismo Primário*, em que fantasia ser o máximo ("Complexo de Deus"), e evolui para uma situação de adaptação à realidade, com aceitação de seus limites, sem entrar em depressão melancólica, reconhecendo suas reais capacidades (*Princípio da Realidade*), saindo da tendência a absolutizar para a relativização (*Narcisismo Secundário*), o que permite o desenvolvimento da autoestima e a maturidade.

O brinquedo favorece muito este processo, pois sua utilização permite à criança sentir-se capaz de, através do domínio do corpo, do movimento, da comunicação, da criatividade – o que desenvolve sua autoestima – e pela própria atividade lúdica, lidar com seus conflitos e experiências negativas mais primitivas. Desta forma, o brinquedo tem papel fundamental em psicanálise de crianças que utiliza a técnica do brinquedo para a expressão das vivências traumáticas precoces e sua elaboração.

Uma técnica psicoterápica lúdica que está sendo introduzido no Brasil pelo Instituto de Psiquiatria e Psicoterapia da Infância e Adolescência (Ippia), em São Paulo, é o psicobalé, que favorece o desenvolvimento da identidade e da autoestima e a maturação, principalmente de criança com sérios comprometimentos corporais – em nível auditivo, visual, motor, de linguagem e mesmo em nível cognitivo e mental. O psicobalé é uma técnica psicoterápica grupal interdisciplinar, que foi idealizada por Georgina Fariñas Garcia, em Cuba, onde foi criado em 1973, e utiliza a música, o som e o movimento como estímulos pré-verbais e uma forma de facilitar a consciência a respeito da própria identidade, favorecendo o aspecto relacional do indivíduo consigo mesmo e com o grupo, dentro de uma atividade prazerosa e lúdica de dançar.

No Brasil, foi fundada em 1996 a Associação Brasileira de Psicobalé (Abrapiba) – vinculada ao Ippia, do qual sou diretora –, que está desenvolvendo sua própria experiência dentro de um referencial integrativo biopsicossocial.

Na técnica do psicobalé se utilizam vários elementos, sem intenção de desenvolver grandes habilitações, mas, sim, procurando levar a pessoa a se conscientizar da sua própria identidade, favorecer seu aspecto relacional consigo mesma e com os outros. Sendo uma atividade psicoterápica grupal, cada um tem seu papel e sua significância dentro da coreografia que o próprio grupo organiza na parte criativa da sessão. É ainda um método interdisciplinar, que tem a psicologia como base e como instrumento a técnica do ballet artístico, harmonizando ciência e arte, estruturando um sistema dinâmico integral em que intervêm a dança, a música, a cultura física, a expressão corporal, a mímica, a dramatização, a disciplina e os jogos, enquanto busca a compreensão e a interpretação psicológica na interação grupal.

A sessão é planejada pela equipe em função das necessidades do grupo e se desenvolve em três partes: esquentamento (que favorece o conhecimento do grupo e seu relacionamento); alguns movimentos mais simples da técnica do ballet; e parte criativa (na qual se trabalham indiretamente os aspectos emocionais observados, solicitando-se ao grupo o planejamento de coreografias sobre temas específicos). Após a sessão, a equipe se reúne para analisar como transcorreu a atividade e para fazer o planejamento da próxima sessão. É um trabalho de psicoterapia de objetivo determinado, com um ano de duração, tendo no final uma apresentação artística, em que o grupo se apresenta para a comunidade, resgatando o sentimento de autoestima e valorização do indivíduo na família e no seu meio social.

3

AS QUESTÕES ORGÂNICAS NAS DIFICULDADES DE APRENDIZAGEM

VIII Encontro de Psicopedagogos da Associação Brasileira de Psicopedagogia (ABP), São Paulo, SP, 10-12/07/1998.

Não se pode considerar o tema das questões orgânicas nas dificuldades de aprendizagem sem avaliar o que é o desenvolvimento de uma criança dentro de uma visão mais abrangente, biopsicossocial, e dentro da multiplicidade de aspectos que cercam uma criança em desenvolvimento.

O ser humano é muito complexo e compreender seu desenvolvimento global, sobretudo em relação ao desenvolvimento mental, requer grande abrangência de conhecimento científico em várias áreas: biológicas, psicológicas, antropológicas, filosóficas e sociais. Assim, pode-se afirmar que, com a fragmentação e a setorização do conhecimento em função da necessidade de especialização, atualmente só se domina uma pequena parcela da visão total.

Deve-se também levar em conta que o conhecimento muda conforme as novas aquisições e as novas investigações. Além disso, o ponto central a considerar é a necessidade de sermos modestos em reconhecer que, por mais que se estude o ser humano, pouco se sabe a seu respeito em razão de nossa própria limitação humana.

O importante é buscar, com os recursos que temos atualmente, esta integração.

O diagnóstico de uma criança com dificuldades de aprendizagem não é fácil, porque deve ser considerado a partir de diferentes vertentes, ou modelos, como propõe o psiquiatra hispano-francês Julian de Ajuriaguerra:

1. ***Modelo semiológico descritivo***, que abrange a manifestação sintomática da conduta, dentro de uma visão fenomenológica e do que se observa em nível comportamental e sindrômico.
2. ***Modelo estrutural ou lesional***, que leva em conta os fatores genéticos, herdados, de defesa potencial ou de risco somático, bem como possíveis injúrias estruturais, de lesão neurológica ou falhas sensoriais, que avalia o grau de vulnerabilidade do indivíduo.
3. ***Modelo ontogenético***, que considera o processo de desenvolvimento em termos de maturidade e imaturidade, o que se espera do comportamento de uma criança em uma determinada idade em termos evolutivos. É muito frequente se ver que certas crianças ainda não têm maturidade suficiente para aprender o tipo de proposta de aprendizagem de algumas escolas, sobretudo quando se busca um processo de alfabetização precoce. Dentro deste modelo, que leva em conta o grau de competência, também se avalia a harmonia ou desarmonia do desenvolvimento. Uma criança pode ter bom desenvolvimento em determinada linha – por exemplo, motora ou da linguagem – e ficar retida em outras – como a emocional ou social – e vice-versa. Uma criança pode ainda não ter o controle esfincteriano e já ter bom relacionamento social. Então, pode existir uma divergência, uma desarmonia nas linhas de desenvolvimento, que deveriam ser mais harmônicas e convergentes em cada faixa etária.
4. ***Modelo ambiental***, relacionado ao ambiente cultural onde a criança vive, a família na qual se desenvolve, que, por sua vez, recebe interferência da comunidade em que está inserida e funciona de modo interativo. A interação se faz pela mútua influência da comunidade sobre a família e desta sobre a criança e vice-versa. É um caminho de duplo ou triplo sentido, que interfere muito no desenvolvimento, na aprendizagem e na formação da personalidade da criança. A grande interferência não apenas dos fatores culturais mas também dos socioeconômicos e da estrutura familiar se constituem em fatores de risco ambiental.

5. ***Modelo analítico***, também chamado de "modelo fantasmático" (Serge Lebovici), que é interno, inconsciente, e consiste naquilo que foi adquirido ao longo da vida, somado ao que cada um traz como algo herdado, por determinismo genético, como uma tendência, um temperamento, constituindo-se em um mundo fantasmático, psicodinâmico, que determina a maneira peculiar de cada um reagir em suas relações e face aos acontecimentos externos. É algo muito específico, que permite ou não o contato de nosso mundo interno fantasioso com o mundo externo real.

É muito comum encontrar crianças que fundamentalmente são desatentas, com pouca concentração, com dispersividade muito grande, com irrequietude e agitação psicomotora e pensar que se tratar de um problema de estrutura neurológica por déficit atencional. Os próprios neurologistas infantis reconhecem que são muito poucos os casos de crianças com déficit de atenção puro por alteração da estrutura neurológica. A grande maioria das crianças com este quadro clínico apresenta problemas na área emocional, com conflitos em seu mundo interno, "fantasmático", ou seja, tem vivências psíquicas que interferem em sua relação com o mundo externo, a qual se faz de maneira ansiógena. Estão perturbadas em seu mundo interno, subjetivo, o que interfere em seu contato com a realidade objetiva, mobilizando ansiedade que, por não ter possibilidade de metabolização interna, é descarregada através da agitação psicomotora e se manifesta por distúrbio no comportamento relacional e na dificuldade de contato com a realidade.

Na análise das dificuldades de aprendizagem, é importante considerar não apenas o comprometimento orgânico, genético ou lesional, mas também levar em conta a teoria dos vínculos, considerando que o indivíduo se desenvolve de modo relacional.

É uma verdade incontestável que só se aprende através da relação com o mundo real e que a experiência de aprendizagem depende muito da permeabilidade do indivíduo para se vincular e adquirir conhecimento. Assim, quando a criança está bloqueando o contato com a realidade como defesa, em função de suas fantasias e temores (defesa autista de negação da realidade), então, não é possível haver aprendizagem. A pessoa que vive recolhida, fechada em seu mundo interno, esgota-se a si mesma pois não se enriquece no intercâmbio relacional.

Uma valiosa verdade pedagógica é que só se aprende na base do afeto, na capacidade de se vincular, no poder se ligar, que favorece a motivação para a aprendizagem. Ninguém aprende através de pressão, bronca, nota baixa. Só se aprende quando há comunicação afetiva, em que existe curiosidade, uma demanda, uma necessidade a ser preenchida e para a qual se dá uma resposta com afeto, para que possa ser recebida sem receio e, assim, satisfazer o desejo de conhecimento, aliviando a angústia do não saber, de forma real e até onde seja possível.

Outro aspecto importante a ser considerado no processo de aprendizagem é que só se aprende quando se aceita não saber, quando o indivíduo aceita ser limitado, ou seja, tenha elabora sua onipotência e aprendido a lidar com sua tendência narcisista de ser o dono da verdade. Na medida em que cada um aceita o limite do próprio saber, pode também aceitar o limite do que ensina, saindo da idealização e da exigência de perfeccionismo, e capacitando-se a receber novos conhecimentos, aceitando a mudança que está implícita na aprendizagem. Porque nem o que ensina nem o que aprende são perfeitos ou sabem tudo. Em psicanálise, isso se define como a capacidade de elaboração do *Narcisismo Primário*.

A onipotência humana, o complexo de saber tudo, muitas vezes leva o indivíduo a dizer que o que não sabe e não conhece não existe. Porém, na aceitação de nossa limitação humana, está a certeza de que existe ainda muita coisa que não sabemos. É grande pretensão e arrogância do ser humano achar que sabe tudo. A partir da aceitação do limite – que é um processo doloroso com o qual se tem que lidar e é preciso enfrentar desde o princípio, desde o nascimento –, é possível aprender, crescer, desenvolver-se e atingir a maturidade, reconhecendo e aceitando a limitação do não saber tudo, de não ser Deus, abrindo mão da pretensão e da arrogância de ser completo e perfeito. E isto é um processo muito difícil e doloroso em função da nossa tendência narcísica primária.

* * *

Por que existe esta tendência? O que é *Narcisismo Primário*?

Segundo Freud, quando o indivíduo nasce, a vivência que experimenta é eminentemente corporal. Mas já no início da vida, que começa pela busca de ligação dos espermatozóides com o óvulo – o que ocorre devido um tropismo específico, genético, que os impulsiona através do movimento ao encontro, penetração– recepção e fusão –, supõe-se haver um registro corporal, uma memória celular. A experiência do movimento de busca para o encontro e para a relação são sentidas e registradas muito precocemente, a partir do desprendimento das gônadas até o momento da concepção, conforme as idéias de alguns autores atuais que buscam comprovar suas afirmações através de pesquisas e estudos da fisiologia celular.

A estruturação precoce do sistema nervoso, que é um dos primeiros a se formar, e a existência de células sensitivas, que aparecem muito cedo no embrião, permitem levantar a hipótese da possibilidade de registros muito primitivos, permitindo a construção de um modelo teórico sobre as experiências vivenciadas pelo embrião e pelo feto.

Em função da vivência intrauterina, enquanto está dentro do útero, o embrião ou o feto não tem nenhuma necessidade, a mãe supre tudo, enquanto ele está extremamente protegido, podendo expandir-se livremente nos primeiros meses de gestação. Enquanto vai crescendo, o útero vai abrindo espaço, e ele vai sendo alimentado continuamente, o que pode ser vivido como uma situação "paradisíaca", na qual não existe nenhuma necessidade. Como não tem percepção suficiente para discriminar-se do corpo da mãe, vivencia esta situação como se tudo fizesse parte dele mesmo, como se ele fosse o centro do mundo e se autobastasse.

O início da vivência limitante começa quando o útero e o corpo da mãe começam a resistir ao seu expansionismo invasivo. Defensivamente, ele procura negar a realidade limitante e aumenta a fantasia de poder ilimitado. Essa vivência o faz nascer com um narcisismo muito exacerbado, egocentrado, com intenso investimento em si mesmo, o que é importante nos primeiros momentos da sua vida extrauterina, porque sua estruturação psíquica, resultante da experiência recolhida durante o período gestacional, é muito pobre e insuficiente para manter sua integração ao receber de modo intenso e abrupto toda a estimulação do aperto e outros estímulos que recebe no final da gestação, no momento do parto, logo após o nascimento e quando toma contato com o mundo externo. Assim, o autoinvestimento narcísico é uma espécie de defesa, uma forma de armazenar várias situações prazerosas para poder manter o equilíbrio e a integração interna e poder suportar as situações desagradáveis que vai enfrentar ao nascer.

A natureza é extremamente sábia e procura dar recursos para a manutenção do equilíbrio. O feto aos 7 meses de gestação já é viável, podendo sobreviver biologicamente fora do útero, mas permanece lá dentro ainda por mais dois meses, provavelmente para acumular um pouco mais de situações satisfatórias, gratificantes, como reserva, para ter mais recursos e metabolizar o excesso de estímulos que terá que enfrentar logo ao nascer. O feto só aceita sair do útero porque começa a sentir intolerável a redução de espaço e a impossibilidade de expansão. Se não houvesse aperto no final da gestação, ninguém nasceria, ninguém desejaria abandonar o seu "nirvana". O feto nasce pela necessidade de expandir-se, pelo desejo de crescer e se individualizar. A força energética vital conduz o indivíduo para o desenvolvimento e para a integração. Isto é o que em psicanálise se denomina "instinto de vida", força vital herdada dos pais, um "montante" de energia (Patrimônio) que cada ser recebe para se desenvolver, integrar e completar seu ciclo vital, podendo ser enriquecido ao longo da vida através de experiências gratificantes (*Capital de giro*).

Quando nasce, o brusco contato com o mundo externo e a intensidade dos estímulos (toda a manipulação corporal que sofre, a intensidade da luz e do som, a mudança de posição, de temperatura etc.) são vivenciados como uma situação catastrófica, pois, ao sair de um lugar confortável, continente (onde sentia o prazer do contato, do calor, do alimento contínuo etc.), para uma situação nova (em que vai sentir seu corpo invadido pelo ar ao começar o esforço inicialmente doloroso de respirar, vai ser tocado, aspirado, sentir fome, frio, calor etc.), sofre muitas frustrações, que se tornam intoleráveis.

Estas novas experiências, altamente ansiógenas para o bebê, saindo de uma situação confortável e protegida para uma situação caótica, é sentida como ameaçadora e mobiliza nele defesas de negação para não se desestruturar.

Para se defender do excesso de estimulação, a tendência natural do bebê é de "retirar o time de campo", ou seja, de se enquistar, como a bactéria faz quando o meio lhe é adverso. É uma reação defensiva autista, normal no recém-nascido, e é por isso que, no período puerperal, ele dorme a maior parte do tempo, bloqueando o contato com a realidade.

Quando ele sente fome, começa a perceber que falta algo, a ter uma sensação desagradável que vem dentro dele e, imediatamente, associa isto às sensações desagradáveis sentidas ao nascer (trauma do parto). Quanto mais intensa esta sensação desagradável, maior sua angústia e seu desespero, buscando instintivamente alguma coisa que o ajude a livrar-se desta situação que lhe causa intenso desprazer. O alívio desta vivência angustiante ocorre quando há o encontro com o seio e o corpo da mãe, já conhecido, que lhe recorda o conforto uterino, e ao qual instintivamente se apega. O alívio e o prazer deste reencontro vai se constituir no primeiro modelo relacional extrauterino de identificação e vai servir de modelo básico relacional para o resto de sua vida.

O ser humano é, de todas as criaturas que existem na Terra, o que nasce com menores condições de sobreviver se não tiver atendimento imediato de suas necessidades. Ele necessita ser atendido em suas necessidades básicas de alimentação, continência, conforto e carinho desde o momento em que nasce para poder se desenvolver bem. A presença corporal, efetiva e afetiva da mãe, o tranquilizam, favorecendo uma condição de dependência simbiótica, necessária no período inicial de vida e que se mantém durante longo tempo.

A família tem como papel exercer a função de um segundo útero, continente e alimentador, como se fosse uma segunda gestação, extrauterina, ensinando-o lenta e gradualmente a cuidar da própria vida, dando-lhe condições para seu desenvolvimento, aperfeiçoamento e autonomia, inserido em sua comunidade, realizando-se como pessoa e como ser social. Este desenvolvimento deve ser abrangente, no sentido biológico, psicológico e social, podendo-se acrescentar também o ecológico, o filosófico e o espiritual, que vai dar sentido ao seu existir.

O processo de aprendizagem, para se tornar independente, assumir identidade própria, sair da simbiose incestuosa familiar, é longo e difícil, seguindo várias etapas do desenvolvimento biopsicossocial e espiritual, que vão se complementando, completando e sendo elaboradas gradualmente durante toda a vida.

Antigamente, do ponto de vista teórico e jurídico, julgava-se que a maturidade do indivíduo se conquistava aos 21 anos. Posteriormente, realizou-se uma modificação legal, autorizando, entre outras coisas, o casamento a partir dos 18 anos. Do ponto de vista da Justiça Eleitoral, atualmente considera-se o indivíduo maduro para votar aos 16 anos e há a tendência, em nossa sociedade, a baixar para este limite etário a responsabilidade civil e criminal. Gradualmente, cada vez mais, tentativas são feitas de reduzir o tempo de maturação do indivíduo, como se isso dependesse apenas da legislação estabelecida convencionalmente, sem levar em conta a complexidade do processo de desenvolvimento e maturação da personalidade.

Existe a mesma tendência a baixar a idade em termos do início da aprendizagem, reduzindo cada vez mais a época do início do ingresso nas escolas e do processo de alfabetização, que em algumas escolas já está se iniciando aos 4-5 anos. Existem até alguns "especialistas" que estão preconizando a alfabetização de bebês! É muita pretensão do ser humano, por excesso de onipotência dita científica, acreditar que se podem pular etapas e acelerar o processo de maturação mental. Deve-se respeitar o processo de desenvolvimento natural de cada indivíduo. Para haver compreensão em nível simbólico e aquisição da capacidade de abstração – fatores básicos na construção do pensamento – é fundamental a aceitação dos limites, que em psicanálise se considera existir a partir da elaboração do complexo edípico, que em situações normais ocorre por volta dos 7 anos de idade. O aceitar o limite de ser criança, diferente do adulto, superando a competição e a inveja, podendo aprender com quem já viveu mais tempo, que tem experiência vivencial e maior sabedoria, é fundamental para o desenvolvimento da capacidade de abstração e elaboração mental criativa.

Se uma criança tem dificuldade de aprender enquanto outra, de mesma idade, aprende com facilidade, deve-se investigar o porquê da dificuldade, levando em conta os aspectos específicos de cada uma, dentro dos cinco modelos ou vertentes causais já citados, conforme proposta do psiquiatra Julian de Ajuriaguerra.

Não existem no mundo duas pessoas que sejam iguais. Cada ser humano é diferente dos demais, tendo características genéticas e vivências histórias específicas. Isto ocorre mesmo com gêmeos univitelinos, porque, por mais similares que sejam, cada um tem uma combinação genética própria, com pequenas variações, e cada um tem uma experiência de vida peculiar, que é diferente para cada pessoa; pelo menos um nasce alguns minutos antes do outro e as reações emocionais vivenciadas já são diferentes.

O ensino e a aprendizagem deveriam ser individualizados. Por motivos socioeconômicos e em função de maior demanda, para atingir maior número de crianças e facilitar o ensino, organizam-se escolas, algumas com classes muitos grandes e com um só professor. Isto, por si só, já é um elemento complicador. Apesar disto, algumas crianças, com melhor dotação, conseguem aprender. Mas muitas, que não aprendem, passam a se desinteressar e, defensivamente, agridem (por inveja e pela frustração de não corresponder às expectativas ambientais, e por se sentirem rejeitadas), enquistam-se (fechando-se em seu mundo próprio) ou fantasiam situações delirantes de poder e grande capacidade (identificando-se com heróis, geralmente televisivos, alimentadas pela onipotência e narcisismo).

Em função da especificidade de cada um, não se pode nivelar e usar um mesmo método e sistema de ensino para todas as pessoas. O ensino e a aprendizagem, como já foi enfatizado, é um processo individual, em que se deve respeitar as características e o ritmo de cada pessoa, seu grau de maturidade, não somente biológico, mas também psicológico, social e espiritual.

Em resumo, começa-se a vida em estado confusional com a figura de mãe, em termos de identidade, desenvolvendo uma exaltação narcísica primária, um "*Complexo de Deus*", com fantasias de ser o princípio e o fim de si mesmo, se autobastando e identificando-se com a fonte da vida.

Ao nascer, ocorre uma ruptura brusca da relação fisiológica simbiótica, corporal. Como o recém-nascido tem grande desgaste de energia vital e sofre excesso de estimulação externa, não tem condição de manter seu equilíbrio estrutural a não ser buscando refúgio no "*Complexo de Deus*" e no investimento narcísico, retirando seu investimento no externo e aplicando-o nas boas lembranças contidas em seu mundo interno, dormindo profundamente.

Este estado de tranquilidade e quietude é interrompido quando o bebê sente fome. Agita-se e chora, tentando expulsar a sensação desagradável. Ao encontrar o seio gratificante que o alivia das tensões angustiantes, julga que o alimento apareceu magicamente devido ao poder do seu desejo, de conseguir obter imediatamente a satisfação de suas necessidades, como ocorria na vida fetal, e passa a se apoiar na fantasia do pensamento mágico de se autobastar, o que reforça o seu *Narcisismo Primário.*

A percepção do contato com a realidade e da sua condição individual, de estar separado do corpo e da identidade da mãe, só começa a ocorrer com sua maturação neurológica e emocional. A maturação do sistema nervoso, em termos de mielinização céfalo-caudal, permite a percepção mais rápida do sensorial e vai favorecer a transformação do ato reflexo em ato voluntário de aproximação e contato com os objetos externos, desde que tenha diminuído o grau de ansiedade persecutória inicial em relação ao mundo externo devido a ter tido, nos primeiros contatos com o mundo externo, uma boa experiência vincular afetiva e gratificante no processo de amamentação, nos cuidados de sua mãe atendendo suas necessidades básicas, propiciando-lhe boa continência para suas angústias.

A experiência gratificante de ser cuidado e alimentado reforça suas reservas vitais internas e favorece sua integração, naquilo que em psicanálise se denomina "introjeção de bons objetos" (Melanie Klein), dando-lhe melhor condição de retomar o contato com a realidade. Começa então a buscar involuntariamente o contato com os objetos que chamam sua atenção (visual e auditiva), iniciando o processo de coordenação visomotora. Escuta, olha na direção do som e, ao visualizar o objeto, dirige intencionalmente a mão em sua direção, procurando agarrá-lo. É através desta experiência motora voluntária e emocional que vai haver o maior desenvolvimento do córtex cerebral, com aumento da rede dendrítica neuronal, que estabelece conexões e associações mentais, resultando em aumento significativo no peso do cérebro. No nascimento, o cérebro humano pesa cerca de 340 gramas; no final do segundo ano de vida, 1.150 gramas; na vida adulta, entre 1.400 e 1.500 gramas. Enquanto no primeiro e no segundo ano de vida há um aumento significativo de peso, por volta de 800 gramas, dos 2 anos até a vida adulta há aumento de apenas 350 gramas.

Percebe-se, por estes dados, a importância da mielinização, da coordenação visomotora e sobretudo do papel da relação vincular e da continência afetiva nesse período em que ocorre aumento significativo da massa cerebral cortical. Daí resulta a importância da estimulação adequada, não ansiógena, nos primeiros anos de vida, com a presença amorosa dos pais, que favorece maior permeabilidade e incorporação de boas experiências e resulta em melhor estruturação, organização da vida mental e desenvolvimento das relações vinculares emocionais.

É importante sublinhar que o aumento de peso cerebral se faz fundamentalmente à custa da multiplicação dos dendritos da célula nervosa, que aumentam sua capacidade perceptiva e receptiva, facilitando a relação com o mundo externo através da atividade psicomotora voluntária e da experiência de contato, multiplicando as conexões neuronais, que são elementos básicos nos processos de associação mental.

Do ponto de vista prático, por exemplo, uma criança pode apresentar grave inibição motora nesse período – que vai do nascimento até 3 ou 4 anos – e, como já foi dito, isso poderá ser devido a várias causas orgânicas, emocionais ou ambientais. Este tipo de distúrbio ocorre com muita frequência em crianças que vivem em apartamento, em região urbana, não dispõem de espaço para mover-se e brincar; têm pouca possibilidade de contato com os objetos e com as pessoas; passam muitas horas imobilizadas em frente da televisão, do videogame ou do computador; que experimentam a ausência quase permanente dos pais, porque estes trabalham fora o dia todo e têm pouca participação na estimulação afetiva da criança. Isso vai prejudicar sua capacidade de estabelecer vínculos afetivos e desenvolver adequadamente o processo de maturação cerebral, com repercussão posterior em toda sua vida afetiva e de aprendizagem, resultando em considerável empobrecimento egoico.

Sabendo-se que a experiência de movimento e contato afetivo favorecem o desenvolvimento mental, fica evidente a importância da prevenção precoce das dificuldades de aprendizagem, principalmente através da estimulação de atividades motoras nos primeiros anos de vida, da estimulação vincular afetiva e de elaboração das etapas do desenvolvimento emocional, que têm como pilares centrais a elaboração do *Narcisismo Primário* ("*Complexo de Deus*") e do Complexo de Édipo. As tendências incestuosas endogâmicas de vinculação permanente com a fonte originária da vida, ditas edipianas, que ocorrem desde o nascimento e se estendem até a adolescência e, algumas vezes, vão além, passam por diferentes etapas de resolução, declínio e reativação, até sua elaboração final na maturidade, com a aceitação da realidade limitante e a percepção clara das reais possibilidades de satisfação dos desejos e sua transformação sublimatória criativa.

A situação prazerosa do incesto, vivida intrauterinamente, induz o indivíduo à busca da satisfação permanente, da felicidade perfeita, absoluta. Quando há desprazer e frustração, quando as coisas estão difíceis e as fantasias idealizadas não se realizam, dependendo da capacidade de suportação e elaboração da angústia emergente, a tendência é buscar o conhecido, já experimentado anteriormente e que foi mais satisfatório, o que conduz a um processo regressivo, às etapas anteriores tanto mais regressivas quanto mais frágil for a consistência egoica. É o que ocorre com bastante frequência nos casos de dependência química ou mesmo afetiva. Isso leva a um desgaste de energia vital com empobrecimento egoico e consequente redução da capacidade produtiva e criativa. A manutenção de vínculos de dependência incestuosa impede a aprendizagem, o desenvolvimento, a maturação e a criatividade.

A criança ou o jovem onipotente, que julga saber tudo e não ter nada a aprender com os outros, por arrogância e narcisismo, frustra o enriquecimento de sua personalidade (dizem o tempo todo: "Eu já sei"). Existem outros que dizem o tempo todo não saber nada, posicionando-se no outro extremo, de desvalorização absoluta, entrando em depressão profunda e melancolia. Ambos estão funcionando em níveis absolutos, de Tudo ou Nada, embora a criança que diz que não consegue aprender já tenha uma certa percepção de seu limite (que exagera) e esteja um pouco mais evoluída do que aquela que diz saber tudo e não precisar de ninguém para ensiná-la (defende-se de perceber o seu limite). Isso é defesa contra a depressão de se sentir limitada, o que para ela significa uma catástrofe. Porque quanto mais imatura ela é, mais absolutiza: ou é o máximo (tudo) ou é zero (nada).

Só se vai aprender a relativizar e aceitar limites com a elaboração do Complexo de Édipo, quando se aceita ser separado de pai e de mãe, renunciando à tendência incestuosa, quando se aceita o outro com suas peculiaridades, percebendo que é diferente, aceitando as próprias limitações e as dos outros, abandonando o perfeccionismo, sendo produtivo e criativo da melhor maneira possível, dentro da realidade, buscando complementação no relacionamento vincular, procurando aprender sem inveja, ciúme, rivalidade ou competição o que o outro tem para ensinar, oferecendo e ensinando o que se sabe (capacidade de dar sem "esconder o leite"), podendo fazer a troca complementar, solidária e comunitária. Para chegar a este grau de maturidade pessoal e social, o indivíduo deve ter tido um bom começo em suas relações vinculares e ir se aperfeiçoando através de um extenso processo que ocorre ao longo da vida.

Aceitar ser criança diferente do adulto tendo a perspectiva da necessidade de crescimento, para ser adulto é importante reconhecer o limite. A primeira resolução edípica, que geralmente ocorre por volta dos 7 anos, permite o abandono da fantasia mágica e do pensamento concreto (*processo primário*) e a entrada no campo da abstração (*processo secundário*), em função da capacidade de ter perspectiva de futuro e de postergação da realização dos desejos.

A aprendizagem, em nível de escolaridade, exige certo grau de desenvolvimento anterior e de maturidade. A abstração e a capacidade ideativa só é possível quando a criança tolera a frustração de não ser perfeita e consegue postergar a satisfação de seus desejos, ou até substituí-la, utilizando a defesa do deslocamento e a sublimação, podendo renunciar à fixação incestuosa em seus objetos primários, que lhe deram origem, podendo direcionar seu afeto para outras situações gratificantes substitutivas, aceitando os limites de sua própria identidade e os que a vida lhe impõe, buscando em sua capacidade sublimatória e criativa o prazer de viver.

A noção do próprio "eu" diferente do "outro" – ou seja, o processo de individuação, com elaboração e renúncia à simbiose – é fundamental no processo de maturação e definição da identidade. Existem muitas crianças, com sérias dificuldades de aprendizagem, que não têm noção a respeito de si mesmas!... Para aprender, é necessário que se tenha um mínimo de percepção da própria identidade com apoio e segurança em certo grau de autoestima (*Narcisismo Secundário*), de percepção do próprio valor em termos de realidade. A experiência clínica demonstra estar havendo cada vez mais casos de crianças inseguras, com sérios distúrbios relacionais, com pouca noção de sua especificidade e limite, indicando ter havido ausência ou falhas no estabelecimento de suas primeiras vinculações afetivas. São crianças que se confundem com as outras pessoas, até mesmo corporalmente, e não têm clara noção de sua identidade, não tendo igualmente desenvolvido o conceito mental de seu esquema corporal. O trabalho prévio de construção da identidade é condição fundamental para haver aprendizagem. Para aprender é necessário aceitar o limite do não saber.

Como presidente da Associação Brasileira de Psicobalé (Abrapiba), estou divulgando uma nova técnica psicoterápica grupal, de objetivo determinado, com duração limitada, com ampla abrangência (crianças, adolescentes e adultos com distúrbios leves, moderados e graves da personalidade, com múltiplas deficiências, motoras, visuais, auditivas, mentais, com distúrbios de conduta, imaturidade etc.). Este trabalho utiliza a conjugação da psicologia (ciência) com a dança (arte) e tem ampla aplicação no sentido de auxiliar o desenvolvimento da personalidade, favorecendo a percepção de si mesmo em relação vincular e social com os outros. É um processo no qual se trabalham as emoções de forma psicoterapêutica, prazerosa, em operação de equipe multidisciplinar, que inclui o professor, o pedagogo, o psicopedagogo, o psicólogo, o psiquiatra, o bailarino, bem como outras categorias profissionais que trabalham com a criança, o adolescente e o adulto com distúrbios de personalidade. Os resultados e o acompanhamento evolutivo de sua utilização são muito satisfatórios, havendo melhor percepção dos clientes em relação a sua própria identidade, aumento da autoestima, melhor aceitação das limitações e reativação da vitalidade.

PERGUNTAS E RESPOSTAS

O que ocorre com o desenvolvimento de crianças cujos pais não podem estar junto por necessidade de trabalho? Necessitam de boas creches? O melhor meio de cultura para o desenvolvimento da criança é a família. As circunstâncias sócio-econômicas atuais não têm permitido a presença dos pais junto aos filhos. Existem pais que por ambição desmedida ou outras razões privilegiam o trabalho em detrimento da educação dos filhos. Estas pessoas deveriam definir sua opção de vida e não ter filhos. Pois os modelos de identificação básica, por um determinismo genético facilitador, tem na figura dos pais biológicos os modelos mais adequados. Creche é um crime para recém-nascidos e crianças muito pequenas, até 2 ou 3 anos de idade. É um mal necessário em determinadas circunstâncias, mas não deixa de ser prejudicial ao desenvolvimento natural do ser humano. Crianças muito jovens deixadas em creches que possuem uma rotatividade grande de pessoal, com várias pessoas em diferentes horários, não conseguem estabelecer vinculação com referenciais estáveis com os quais possa se identificar, apresentando grande insegurança interna que pode evoluir para quadros psicopatológicos.

É claro que existem algumas crianças com boa herança genética vital que conseguem se adaptar às separações precoces. Mas a maioria não se desenvolve bem e como ainda não possuem estrutura psíquica adequada para metabolizar sua angústia tendem a somatizar, expressando corporalmente seu sofrimento.

A qualidade do contato não é mais importante do que a quantidade? É claro que a qualidade afetiva do contato é muito importante. Mas a criança recém-nascida e nos primeiros anos de vida precisa também de quantidade de cuidados, carinho e presença dos pais. Ela necessita de um segundo processo gestacional no seio da família, tanto maior quanto mais jovem ela for. Concordo que não adianta dar quantidade sem qualidade. Aí se inclui a mãe que amamenta vendo televisão ou "batendo papo" no telefone com as amigas, sem estar conectada afetivamente com o bebê, que pode posteriormente apresentar problemas em seu desenvolvimento relacional e mental. Uma mãe que dá uma mamadeira afetivamente, que se envolve carinhosamente com seu bebê, que o ama e respeita, não é invasiva nem angustiada, ajuda o seu desenvolvimento de modo melhor do que a anterior. A amamentação ao seio naturalmente propícia um contato pele a pele e é a forma mais adequada e natural que favorece o bom estabelecimento vincular. A tranquilidade e capacidade de dar amor ao filho depende da personalidade da mãe e da cobertura afetiva que recebe de seu companheiro. O bebê introjeta o modelo relacional pai-mãe, e a aprendizagem de boa vinculação vai se fazer a partir da boa introjeção do casal parental em relacionamento amoroso. Mas isso vai também depender das disposições internas do bebê, com maior ou menor capacidade adaptativa ou de exigências vorazes, dependendo de sua estrutura constitucional genética, de sua força integrativa ou desintegrativa. Cada caso é um caso diferente, de acordo com sua especificidade e as circunstâncias ambientais que o cercam.

Qual a idade mais adequada e tolerável para a criança ficar algumas horas separada dos pais? A criança bem cuidada e acompanhada, com boa capacidade adaptativa, que já conseguiu adquirir certo grau de controle corporal através da marcha, da linguagem e do controle esfincteriano, por volta dos 2 e meio ou 3 anos, já suporta bem ficar algumas horas longe de casa e dos pais. A capacidade de suportar a separação inicia-se aos 3 ou 4 meses de idade e se desenvolve de modo lento e gradual. Antes disso a criança necessita da presença corporal constante da mãe, e muito lentamente vai aceitando não tê-la sempre presente. É claro que existem diferenças individuais.

Com que idade a criança tem condições de frequentar a escola? Para a aprendizagem em nível mais abstrato e início da alfabetização, do ponto de vista da maturação psíquica, a criança deve já ter elaborado o complexo edípico, o que ocorre por volta dos 6 ou 7 anos. Estava certa a escola antiga que exigia 7 anos completos para a entrada na 1a série e início da alfabetização. Em função das necessidades de socialização da criança, se não tem amiguinhos ou primos com quem brincar, a partir dos 2 e meio a 3 anos já suporta bem ficar na Escola Maternal ou Jardim da Infância. O trabalho externo das mães as tem obrigado a depositar seus filhos em "escolinhas" que nem sempre tem condições de substituir sua função organizadora do psiquismo de sua criança. A sociedade atual, que imprime um ritmo acelerado na maneira de viver, em que tudo tem que se realizar rapidamente, "a jato", está querendo apressar o desenvolvimento e maturação de seus cidadãos. "Fruto colhido verde não amadurece: apodrece". Este é o perigo que estamos vivendo. Algumas crianças se esforçam e aprendem precocemente, mas com desgaste de sua potencialidade e repercussões na esfera psíquica e afetiva. Em função de sua boa capacidade adaptativa podem aprender sob pressão, mas este esforço vai consumir boa parte de sua energia vital levando a prejuízos em outras linhas de desenvolvimento. Pode-se citar um caso atendido no Hospital do Servidor Público de uma criança de 4 anos com distúrbio relacional e sintomatologia obsessiva compulsiva, que adquiriu o controle esfincteriano com 1 mês e meio de vida!. A superexigência precoce interfere no desenvolvimento e na capacidade de aprendizagem.

Não se pode delegar ás escolas a função materna e paterna! A função de educar é responsabilidade dos pais que geraram a criança. A escola é apenas um auxiliar desta tarefa. A comunidade deve dar condições à família e à escola para cumprirem esta tarefa, e a sociedade como um todo tem a responsabilidade de favorecer o processo educativo de seus cidadãos.

Quantas crianças e jovens brasileiros têm oportunidade de receber as condições de desenvolvimento estabelecidas no Estatuto da Criança e do Adolescente para atingir a capacidade plena no uso de suas potencialidades? Este número é muito reduzido em nosso país em função do comprometimento patológico de nossa sociedade atual que se comporta de forma paradoxal e de certa maneira autofágica, pois, não dando condições mínimas de sobrevivência às famílias, com o aumento da taxa de desemprego, do custo de vida e muitas outras situações críticas socioeconômicas, obriga os pais a sair de casa para garantir um mínimo de sobrevivência, deixando os filhos entregues à própria sorte, esperando que se desenvolvam sozinhos, e com isso não permite o amadurecimento de seus cidadãos, que são sua base de sustentação. Tudo isto resulta no empobrecimento da riqueza potencial de nossa população e, consequentemente, do próprio país.

Como se pode definir o conceito de resiliência? Existem crianças que, apesar de crescerem em condições muito desfavoráveis, conseguem resistir às situações traumáticas e utilizar adequadamente suas potencialidades. São pessoas com uma força vital muito grande, com boa capacidade adaptativa às mais variadas circunstâncias e que não se deixam abater diante das adversidades que a vida lhes apresenta. A isto se deu o nome de resiliência, sendo algo constitucional, herdado geneticamente, podendo ser desenvolvido e potencializado pela comunidade. Em nível preventivo e de atenção primária em saúde mental, se faz um trabalho de estimular e aumentar a resiliência de crianças que vivem em situações de risco. Isto se faz organizando atividades comunitárias que propiciem um ambiente acolhedor e mais agradável que o vivenciado em sua casa; que lhe sirva de modelo relacional mais sadio, compensando eventuais falhas no nível familiar. Este trabalho de estimulação e cultivo da resiliência pode ser realizado em creches, escolas, associações de bairro, clubes etc.

É claro que este trabalho não substitui integralmente a função familiar e vai depender da capacidade adaptativa de cada um, criança ou jovem, baseado em sua carga genética de grau de resiliência, para se obterem bons resultados. Pelo menos se oferecem atividades mais sadias, que podem aumentar sua capacidade de resistir ao bombardeio de situações frustrantes que está vivenciando em seu meio e podem empobrecer seu capital básico de energia vital que vem sendo gradualmente espoliado. É importante que se ofereça a vivência de situações geradoras de satisfação para compensar o desgaste das frustrações contínuas em que estão imersos, de modo que lhes permita vislumbrar a possibilidade de ter uma vida melhor. É um trabalho gerador de esperança e crença na vida.

Qual é a proposta do psicobalé em termos de trabalho multidisciplinar? Pode esclarecer sobre a participação do psicopedagogo, solicitação de bibliografia e dar outras informações? O psicobalé é um método que foi criado por uma psicóloga cubana, Georgina Fariñas Garcia, chefe do Departamento de Psicobalé do Hospital Psiquiátrico de Havana. Está sendo divulgado no Brasil pelo Ippia, Instituto de Psiquiatria e Psicoterapia da Infância e Adolescência, que anualmente traz a São Paulo a Dra. Georgina para ministrar cursos de formação técnica. É um trabalho multidisciplinar no qual a equipe observa e avalia cada sessão terapêutica e conjuntamente planeja o trabalho. O psicopedagogo participa como um dos membros da equipe, avaliando e dando sugestões condizentes com sua área de conhecimento. O objetivo fundamental é ajudar a criança, o adolescente ou o adulto a desenvolver maior consciência de sua identidade, seu esquema corporal, desenvolver maior capacidade de autoestima, ter melhor capacidade relacional consigo mesmo e com o grupo, sentir-se aceito pela comunidade e aceitar cada membro do grupo da maneira como cada um é. Não se exige perfeição dos movimentos, sendo que cada um participa da melhor forma possível. O trabalho terapêutico se faz em nível grupal, focal, trabalhando na expressão criativa temas emocionais emergentes da sessão, como inveja, ciúme, rivalidade, competição etc. Os grupos são selecionados e montados de acordo com faixa etária e problemas similares, como limitações visuais, auditivas, motoras, intelectuais, distúrbios de conduta, psicoses etc., embora possam ser organizados de forma mista. Bibliografia e folhetos com mais detalhes sobre cursos de formação podem ser obtidos no Ippia.

Quais testes se deve utilizar para avaliar uma criança de 4 anos, com muito boa memória, que os pais querem alfabetizar? Para uma hipótese diagnóstica plausível, deve-se fazer uma abordagem múltipla, em visão integrada, e não apenas setorizada. Os testes são apenas uma parte da avaliação. O fundamental no caso citado é verificar o grau de maturidade para iniciar o processo de alfabetização. O simples fato de a criança ter boa memória não é suficiente para se começar este trabalho. Um fator desfavorável é a pouca idade, que pode representar um elemento complicador pela imaturidade emocional a ser avaliada. No processo de avaliação de uma criança, deve ser feita uma boa anamnese, com a história familiar e pessoal da criança; uma "Hora de Jogo Diagnóstica"; uma entrevista dirigida, se for necessária; e aplicação de testes e outros exames complementares, se necessários. Estas indicações vão depender das hipóteses levantadas com os dados de anamnese e exame da criança. Os testes mais utilizados são os de Prontidão para Alfabetização, o teste de Wisc, o teste de Bender, o C.A.T. e o Rorschach. O ENE (exame neurológico evolutivo) pode ser solicitado se houver suspeita de imaturidade ou comprometimento neurológico.

O que se deve fazer quando uma criança é maltratada pela mãe e, quando afastada, sente muito a falta dela e não quer separar-se da mãe, mesmo apanhando muito e que se recusa a aprender a ler? Para se indicar o afastamento de uma criança de sua mãe é preciso fazer uma avaliação muito criteriosa e cuidadosa, para que esta decisão não seja mais prejudicial do ponto de vista da relação vincular. Se a criança deseja permanecer junto da mãe, mesmo apanhando muito, é porque pode haver algum vínculo amoroso nesta relação. É muito frequente e até surpreendente verificar como muitas crianças maltratadas fisicamente por mães alcoólicas ou perturbadas psiquicamente se preocupam em cuidar delas, levando-as para atendimento médico. Retirar o pátrio poder é algo muito sério, que merece estudo cuidadoso, detalhado, com muita reflexão antes de se indicar um afastamento do convívio familiar, por pior que ele seja. (Solicita-se a opinião do Dr. Raul Gorayeb.)

Dr. Raul Gorayeb (Refere grande experiência de trabalho com instituições públicas que cuidam destas situações.) O maior risco é o uso que se faz do saber e da autoridade que a sociedade confere aos profissionais, por conta de seu saber, para outorgar-lhes o direito de acreditar que, em nome do bem-estar da criança, podem decidir o que lhes aprouver. Infelizmente, a maioria das pessoas que trabalham nestes serviços não se dão conta de que estão tentando fazer as coisas para satisfazer a suas próprias necessidades. Situações como a citada são muito frequentes, nas quais profissionais da área social ou da saúde decidem que uma mãe não é boa e falam para um juiz – embora seja uma pessoa das melhores intenções, nem sempre está em condições de avaliar o que é útil para aquela criança. É muito importante analisar bem as situações antes de classificá-las pura e simplesmente de maus-tratos infantis e retirar a criança de casa, fazendo-a passar por várias instituições que frequentemente levam a um prejuízo maior da estruturação da personalidade. Deve-se avaliar o quanto se pode ser preconceituoso. Não existe uma receita de boa mãe. A criança precisa de alguém que faça bem o papel de mãe. A boa mãe não é alguém que tem a receita na cabeça. É uma pessoa que se tem que pôr à prova, observando sua conduta. Este é um cuidado fundamental de policiamento dos profissionais em relação às prerrogativas que têm e os abusos que não percebem que fazem.

Qual a diferença entre o psicobalé e a psicomotricidade? O psicobalé é um método psicoterápico grupal multidisciplinar, realizado por equipe interdisciplinar, de objetivo determinado, focal, que se aplica muito em instituições, e tem uma metodologia específica, diferente da sistemática da psicomotricidade, por ser de caráter eminentemente psicoterapêutico, utilizando a dança, a música e princípios básicos psicodinâmicos de técnica grupal. É diferente da psicodança e de outras atividades artísticas, devido ao seu caráter psicoterapêutico, em que se trabalham as emoções na expressão criativa, que é uma das partes da sessão. Pela observação da sessão, feita pela equipe multidisciplinar, se faz o levantamento dos problemas e das emoções a serem trabalhados nas sessões seguintes. Além disto, há um trabalho concomitante envolvendo as famílias e a comunidade, havendo uma Função Artística final de apresentação do grupo, que funciona como catalisador de sua aceitação e uma espécie de passaporte de inserção social.

Não é muito radical a colocação de que, se não se pode ter disponibilidade para os filhos na sociedade atual, não se deve ter filhos? Nos dias de hoje, a desorganização social impede a disponibilidade dos pais na tarefa educativa e formativa dos filhos. O grande drama das mulheres que trabalham fora é ter consciência do quanto fazem falta e o quanto sua ausência é prejudicial a seus filhos, principalmente nos primeiros anos de vida. A referência impeditiva de gerar filhos refere-se aos casais que, embora tenham condições socioeconômicas suficientes, por excesso de ambição ou por outros motivos, optam por privilegiar outras coisas em detrimento de sua presença junto dos filhos. Já que é uma opção, uma escolha, devem renunciar à geração de filhos, uma vez que não querem assumir a responsabilidade de educá-los e prepará-los para cuidar de suas vidas. Este é o pior abandono que existe, pois é deliberado e motivado pelo egoísmo.

Como fazer diante do dilema de cuidar da família, trabalhar para o seu sustento e desejar uma realização profissional? Este é o grande drama da sociedade moderna, que tem profundas vinculações com questões sociopolíticas e econômicas. A sociedade atual é autofágica, porque está impedindo as famílias de criar condições para o desenvolvimento pleno de seus filhos, que serão os futuros cidadãos. Ela destrói a possibilidade do país de ter pessoas sadias, maduras, que possam contribuir com sua criatividade para seu progresso e evolução. Depois, não sabem mais como atender e alocar recursos para a grande demanda de atendimento face ao aumento significativo das doenças mentais. A incidência de doenças mentais graves (psicoses) está aumentando em proporção geométrica. Como fazer para deter esta avalanche? E o aumento da violência? E a falta de respeito e consideração que se observa em todas as camadas sociais? Somente fazendo um trabalho de prevenção na base da sociedade, que é a família, se poderá vislumbrar um futuro melhor para a mente humana.

Uma das poucas certezas que se tem na vida é a existência da morte, do limite. Outra certeza, adquirida ao longo do exercício profissional, é que uma criança, para desenvolver um mínimo de condição humana, necessita da presença dos pais como modelos básicos de identificação, principalmente em seus primeiros anos de vida, quando se fundam os alicerces de sua personalidade. Sem uma família que possa acolher suas ansiedades e lhe ensine a "cuidar da vida"(no dizer da Dra. Raquel Soifer), não é possível desenvolver a plenitude de sua condição humana. Por maior que seja a evolução da ciência, mesmo os bebês de proveta necessitam de um par parental para uma segunda gestação, que cultiva sua condição humana na base do amor. Existem várias complicações, como a dissolução de famílias, a saída da mulher do lar, as famílias múltiplas de vários casamentos com vários meio-irmãos, enfim, várias situações que vão exigir maior resiliência para a criança conseguir chegar à maturidade e à realização plena como pessoa e como ser social, com muitos recursos internos para superar os dilemas e as mudanças, sem perder a força vital, com capacidade adaptativa suficiente para vencer as adversidades e os percalços da vida moderna.

Não existe fórmula de resolução do dilema colocado na pergunta: como conciliar família, vida profissional e vida pessoal? Cada um tem que buscar sua própria resposta, fazendo opções de vida com responsabilidade e sabendo priorizar o essencial. Do meu ponto de vista, o essencial é preservar a vida mental que caracteriza a condição humana.

4

IMPORTÂNCIA DO JOGO NA ORGANIZAÇÃO DO PENSAMENTO

Conferência no XII Congresso Latino-Americano de Psiquiatria da Infância e Adolescência, Buenos Aires, Argentina, 11/11/1999.

Para o desenvolvimento e o processo de maturação do ser humano, é necessário um ambiente acolhedor, que propicie o desabrochar de sua identidade como ser pensante que constrói, de modo gradual, sua mente e sua personalidade a partir de sua estruturação genética e através da experiência vincular e relacional que experimenta no ambiente em que vive.

No reino animal, o ser humano é o que nasce com menor capacidade para sobreviver sozinho e o que consegue atingir o maior desenvolvimento em nível mental, utilizando sua capacidade de pensar, de refletir sobre sua existência a partir de sua própria experiência e da dos que o cercam, prever e antecipar os acontecimentos, podendo escolher livremente o melhor caminho a seguir, considerando e assumindo as consequências de seus atos e utilizando sua criatividade na busca de situações e soluções mais satisfatórias para o seu aperfeiçoamento.

As condições necessárias e importantes que favorecem seu desenvolvimento e o processo de maturação dependem do acolhimento e do afeto que recebe do ambiente, no seio familiar, tanto na gestação como após o nascimento. A família lhe oferece, como caldo de cultura, uma segunda gestação, extracorpórea, que o alimenta, protege e dá espaço para sua expansão, individuação e aperfeiçoamento. A situação de total incapacidade e falta de autonomia no momento do nascimento, com a tendência impulsiva reflexa de reagir, vai gradualmente se transformando através da organização do pensamento até ele atingir a plenitude de sua maturidade, de um ser que pensa, que reflete antes de agir, transformando-se no Homo Sapiens, no ser pensante, que utiliza sua reflexão e criatividade para superar suas deficiências e frustrações, em um processo adaptativo à realidade. A capacidade ambiental continente de receber as projeções emocionais da criança favorece sua capacidade de utilização simbólica e estruturação da mente

O desenvolvimento do indivíduo se faz durante um longo processo, que começa intrauterinamente e às vezes nunca termina, mas que, teoricamente, deveria completar-se quando ele atinge a maturidade. Ser maduro é reconhecer a própria identidade, singular e limitada, o próprio valor, sabendo lidar com a realidade objetiva, transformando-a criativamente quando não atende às necessidades básicas para sua sobrevivência e realização pessoal e social. Quando não há gratificação suficiente para neutralizar o excesso de frustrações, surge a ansiedade, que, por ser excessiva ou intolerável, pode determinar desorganização psíquica, expressa por vários quadros psicopatológicos. Quando o indivíduo tem boa tolerância à frustração, boa capacidade de neutralização da angústia, o processo de desenvolvimento prossegue gerando, através da experiência vital e da criatividade, melhores condições de adaptação ou de transformação da realidade frustrante em algo mais gratificante, de forma substitutiva e compensatória.

A atividade lúdica é uma das formas encontradas pelo ser humano para elaborar suas frustrações através do deslocamento de seus conflitos projetados no mundo externo, utilizando formas adaptativas criativas que, de modo simbólico e sublimatório, substituem a gratificação almejada. Este processo é básico na estruturação mental e na organização do pensamento.

Todo ser humano tem, de maneira inata, o desejo de satisfação imediata de suas necessidades. A vivência primitiva de ausência de frustração na vida intrauterina – quando, de modo geneticamente predeterminado, o corpo da mãe fornece alimento contínuo, proteção extrema e plena possibilidade de expansão – favorece, após o parto, a mobilização da força vital, energética, libidinal, instintiva, que o impele a buscar a união, a integração, o vínculo com os objetos do mundo externo. Esta experiência relacional permite a organização gradual de sua personalidade.

A energia vital que une dois organismos em interação simbiótica na vida fetal vai estruturando biologicamente um organismo que, após o nascimento, de modo lento e gradual, desenvolve seu processo de individuação até atingir a maturidade, tornando-se um ser com personalidade e identidade próprias, adaptado e criativo em sua relação com o meio, dentro de uma integração biopsicossocial. A unidade simbiótica inicial, muito intensa na gestação, provavelmente pode ser registrada pelo feto de modo precoce e gradual na medida em que vai havendo a maturação de seu sistema nervoso – um dos primeiros a se organizar. A vivência de plenitude e a sensação de que tudo gira em torno de si mesmo durante parte do processo gestacional, quando recebe todos os nutrientes sem fazer nenhum esforço, está extremamente protegido e tem grande possibilidade de se expandir, devido à elasticidade uterina, favorece a centralização egocêntrica do indivíduo e estabelece o *Princípio do Prazer Absoluto*.

A partir do sétimo mês de gestação, a redução do espaço intrauterino mobiliza seu desejo de expansão e de liberdade e o obriga a nascer. O desencadear do parto ocorre por determinismo biológico, por mudanças hormonais do feto em conexão com mudanças hormonais da mãe. Além disso, o limite é fundamental para o nascimento e a individuação, pois, se não houvesse restrição expansiva, não surgiria o desejo de independência e de desenvolvimento da própria identidade. Por um erro de interpretação e absolutização do conceito de expansão e de liberdade, em nossa sociedade atual, se faz a liberação total do desejo da criança, seguindo o modelo de vida intrauterina, procurando satisfazê-la em todos os seus caprichos, sem perceber o quanto isso impede seu desenvolvimento e seu processo de maturação. A restrição e uma dose de frustração suportável são fundamentais para a percepção e a adaptação à realidade limitante e ao desenvolvimento do mundo mental e da criatividade. Não significa absolutizar, impedir tudo ou frustrar constantemente a criança, mas também não é satisfazer a todos os seus desejos. A disciplina, dentro do *Princípio da Realidade*, permite a maturação egoica.

***

Certa dose de frustração é necessária para que haja criatividade. É a partir da frustração, da percepção do limite de ser criança, que surge o desejo de superação, de identificação com o adulto e, utilizando a atividade lúdica, pelo brincar fantasioso, ela tenta elaborar a realidade frustrante e limitante. O "faz de conta é" um exercício na fantasia como preparação para a criança assumir futuramente o papel adulto adaptado às limitações impostas pela sociedade. O limite favorece a criatividade e a busca de novos recursos. Em função disso, se considera o brincar como precursor do trabalho, sendo de extremo valor para o crescimento e a adaptação da criança à realidade.

Ao nascer, a criança necessita de um referencial no mundo externo e busca instintivamente no corpo da mãe algo em que possa se fixar. A natureza favorece este encontro através da amamentação e da presença da mãe, que aliviam as tensões e a sensação de isolamento. Na medida em que vai gradualmente percebendo sua identidade da mãe e a presença do pai, que funciona como agente discriminador, ela vai elaborando a simbiose, podendo deslocar seus afetos incestuosos, endogâmicos, para objetos externos substitutivos dos objetos primários.

A atividade lúdica, inicialmente com seu próprio corpo, autoerótica, vai sendo substituída por outros objetos de interesse no mundo externo, favorecendo o desprendimento dos vínculos primários, o estabelecimento de novos vínculos e formas substitutivas precursoras do processo simbólico construtor do pensamento. A família, servindo de suporte durante os primeiros anos de vida, "protegendo sem abafar, dando liberdade sem abandonar", continente das projeções, estimulando os processos substitutivos mentais, propicia a organização do pensamento de forma simbólica, favorecendo a capacidade sublimatória. Neste processo, uma das funções primordiais dos pais é ensinar o filho a *brincar*, a expressar e utilizar formas substitutivas da realização dos desejos que aliviem seus estados tensionais. Assim, é fundamental a presença e a vinculação amorosa com os pais, cujo convívio e participação conjunta na atividade lúdica favorece o desenvolvimento da função simbólica.

Ninguém consegue viver totalmente isolado, a não ser em fantasia narcísica autista, supondo que o mundo externo não existe e que o indivíduo se autobaste. A retração autista, utilizada como defesa nos seres vivos – como a bactéria, que se enquista quando o meio lhe é adverso – surge frequentemente na criança pequena ao sentir a ausência da mãe, buscando o prazer de forma compensatória na satisfação autoerógena. Portanto, a primeira tentativa lúdica surge como gratificação compensatória. Na tentativa de se autoalimentar, a criança coloca a mão na boca, sugando-a, usando-a como brinquedo substitutivo do seio, sentindo prazer pela fantasia alucinatória e mágica de recuperar o contato perdido, o que a ajuda a elaborar temporariamente a frustração. Para o bebê ou indivíduos extremamente traumatizados pelo mundo externo, quando os estímulos são insuportáveis e não podem ser metabolizados e elaborados no nível mental, surge uma retração autista defensiva, implicando perda do contato com a realidade, o que impede a experiência de contato com o ambiente e não promove crescimento. O brincar no primeiro ano de vida dá as bases do jogo e as sublimações na infância, além de conduzir ao jogo do amor.

Freud afirma que o jogo expressa aspectos inconscientes da criança e do púbere, tendo um significado traduzível, a serviço do *Eros, da libido, da energia vital*, permitindo elaborar situações traumáticas e possibilitando a sublimação de impulsos instintivos, tendo ainda características de atividade criadora. Por ação do instinto agressivo e desorganizador, o indivíduo pode estar sujeito à compulsão à repetição do desagradável, o que muitas vezes aparece na atividade lúdica da criança, permitindo elaborar parcialmente seus conflitos. O exercício do movimento, que realiza ao brincar, propicia à criança deslocar para o exterior seus medos, angústias e problemas internos, dominando-os mediante a ação, aumentando sua destreza muscular e sua autoconfiança, o que lhe permite modificar situações que foram excessivas para seu *Ego Frágil* e lhe foram penosas, passando a tolerar papéis e situações que sofreu passivamente e transformando-os em algo dominado ativamente através do jogo. A *compulsão à repetição*, descrita por Freud, leva o indivíduo a revivenciar situações não elaboradas inconscientes e lhe permite trazê-las cada vez mais à consciência e à elaboração. Assim, o brinquedo das crianças progride constantemente para identificações cada vez mais próximas da realidade, sendo também utilizável psicoterapicamente.

Os primeiros brinquedos que a criança tem são o seu corpo e o de sua mãe durante a amamentação. Pelo contato pele a pele, ao tocar, ver, cheirar, escutar a fala da mãe, sentir seu gosto, a criança vai gradualmente percebendo a existência do seio separado de si e reconhecendo seu corpo e a si mesma, distinguindo a presença ou ausência da mãe como alguém individualizado e separado dela.

Ao redor dos 2 meses, descobre sua própria mão, percebe que pode movê-la voluntariamente, aproximando-a ou afastando-a, dirigindo-a para sua boca, embora antes disso já se interesse por diferentes objetos de cores mais intensas. Por volta dos 3 meses e meio, pela coordenação visomotora, começa a tocar o que vê e a ter a experiência de realidade, conhecendo e reconhecendo os objetos e o mundo ao seu redor. Entre os primeiros brinquedos, surge um especial, que Winnicott denominou objeto transicional, que lhe permite manter e criar a ilusão de uma mãe-seio generosa e onipresente, que lhe dá segurança e substitui o objeto primário desejado. É um substituto ilusório e idealizado, que funciona em um campo intermediário entre os mundos interno e externo e futuramente irá se constituir em um campo transicional, no qual se processa o pensamento criativo.

Ao sentar-se, a criança passa a ver o mundo de forma diferente, mais ampla, percebendo com maior clareza seu *Eu separado*, diferente do *Não-Eu*, podendo discriminar os pais que dominam qualidades de deslocamento pelo movimento, que usam a linguagem para se comunicar, que lhe fornecem o alimento, que se relacionam de forma idealizada por ele como uma ligação permanente, similar à que vivenciou intrauterinamente e que gostaria de recuperar. Por ainda não ter o domínio corporal, a locomoção e a comunicação verbal, o bebê sente-se excluído da relação dos pais (*Édipo Precoce*) e entra em depressão, sentindo-se impotente, incapaz, insuficiente. Em sua ótica, os pais têm tudo, e ele é insignificante.

Este é um momento importante em seu desenvolvimento emocional, pois começa a perceber seus impulsos agressivos e invejosos, mobilizados pela frustração decorrente de suas limitações. Surgem sentimentos de culpa pela intensificação de sua agressividade, devidos a voracidade, inveja e sadismo oral pelo surgimento dos dentes. Por amor aos pais, a criança procura controlar os impulsos destrutivos, tentando substituí-los por atitudes amorosas reparadoras através do esforço de dominar seu corpo e sua motricidade, procurando se deslocar sozinha, engatinhando, aprendendo a andar, a se comunicar, buscando desenvolver independência física, o que é naturalmente favorecido pelo processo de maturação neurológica. Além do domínio do movimento corporal, o processo de simbolização, em que a palavra-símbolo substitui mentalmente o objeto primário, podendo ser recriado tantas vezes quanto ela desejar, também tem um sentido de reparação e se acompanha do desenvolvimento da linguagem. Ela busca sua independência, aliviar-se do sentimento de culpa e de dependência total dos pais e, pela reparação, melhora sua autoestima, que lhe permite elaborar suas ansiedades depressivas.

A criança sai de uma relação dual, exclusivista, simbiótica, egocentrada, para uma relação triangular edípica, na qual deseja ser participante da relação dos pais, iniciando a socialização e a preocupação com o outro. Ao conseguir andar, falar, controlar seu corpo, seus esfíncteres e seus impulsos, percebe-se independente (*Identidade como Pessoa*) e novamente poderosa, buscando igualar-se ao adulto, entrando em franca competição com o progenitor de mesmo sexo (*Complexo de Édipo*) desejando produzir vida com o progenitor de sexo oposto (*Tendências Incestuosas*). A colocação clara da diferenciação entre a vida de adulto e a de criança favorece a elaboração desta etapa, permitindo a aceitação dos limites (*Renúncia Edípica*) e postergação dos impulsos sexuais genitais, que, sublimados, sofrem deslocamento epistemofílico para a aprendizagem. Busca o conhecimento, aprender com o adulto seu papel futuro na sociedade como homem ou mulher (desenvolvimento da *Identidade Sexual*). Na puberdade e adolescência, com a maturação sexual biológica, há uma reativação destes impulsos incestuosos, mas agora já dominados pelo desenvolvimento superegoico resultante do processo de identificação sexual e aceitação do limite genérico.

A atividade lúdica acompanha cada uma destas etapas e ajuda sua elaboração, apresentando as características correspondentes. De início, predominam jogos corporais, sensoriais e de reconhecimento do ambiente; depois, jogos correspondentes ao desenvolvimento pré-edípico (*Édipo Precoce*), de união e separação, continente-conteúdo, de penetrar e ser penetrado, com conteúdos sádicos orais, anais e uretrais. Na etapa fálica, inicia-se o interesse de investigar e a curiosidade pelo interior dos objetos, e a criança busca atividades lúdicas imitativas do comportamento dos adultos, com direcionamento de gênero e diferenciação nos interesses lúdicos femininos e masculinos (jogos de gratificação direta com o corpo dos pais, sedução, exibicionismo e competição). Na latência, predominam jogos obsessivos, sujeitos a regras e rituais, como aceitação repressiva de regras de comportamento e controle de tendências incestuosas e masturbatórias. Surge nítida separação de interesses lúdicos de acordo com o sexo, intensificando-se o processo de identificação com o progenitor de mesmo sexo. Os impulsos edípicos parcialmente elaborados, com o aumento da repressão, se deslocam para a curiosidade, a aprendizagem e o interesse de investigação epistemofílica, acentuando-se a dessexualização do comportamento com marcada separação dos sexos.

Na puberdade, com o surgimento biológico de manifestações sexuais, a atenção se concentra sobre o próprio corpo e seu funcionamento. Intensificam-se os jogos de adivinhação, de construção, de experiências químicas, com curiosidade sobre a combinação e a mistura de cores e de elementos químicos, curiosidade sobre o funcionamento de máquinas e motores, manejo de aparelhos sofisticados, crescimento na natureza, desenhos com tridimensionalidade e modalidades obsessivas. A prática de esportes favorece a descarga de tensões libidinais defensivas e de submissão a regras grupais. A época tardia puberal e a adolescência precoce constituem um período mais crítico e difícil pela reativação do Complexo de Édipo e por franca rivalidade, competição e hostilidade com os pais. Surgem críticas implacáveis e duras, como projeção dos próprios conflitos instintivos intrapsíquicos. A forma encontrada para descarregar a ansiedade se faz através de atividades corporais, competindo nos esportes, na ginástica, na dança, com muita violência e empenho. A expressão sublimatória se desenvolve mais na adolescência tardia através da escolha de uma atividade profissional e nos jogos de relacionamento que possibilitam alguma resolução dos conflitos, podendo dizer-se que o jogo é o precursor do trabalho.

Cada ser humano nasce com uma força integrativa, geneticamente herdada – a força de vida –, que neutraliza a tendência desorganizativa, também atávica. A experiência vital, com gratificações e frustrações, vai enriquecer ou agravar as reservas de organização e desorganização internas. Na doença, estes processos vão ocorrer de forma patológica. A psicoterapia ludoterápica visa trabalhar no sentido de reversão deste processo, favorecendo a integração e o desenvolvimento da personalidade. O indivíduo inicia sua vida dominado pelo *Principio do Prazer Absoluto e pelo Narcisismo Primário*, em que fantasia ser completo ("*Complexo de Deus*") e evolui para uma situação de adaptação à realidade. Com a aceitação de seus limites, sem entrar em depressão melancólica, ele reconhece suas reais capacidades (*Princípio da Realidade*), saindo da tendência a absolutizar e buscando a relativização (*Narcisismo Secundário*), o que permite o desenvolvimento da autoestima e da maturidade. O brinquedo favorece muito este processo, pois sua utilização permite à criança sentir-se capaz de produzir, através do domínio do corpo, do movimento, da comunicação, da criatividade, o que desenvolve sua autoestima, aprendendo pela própria atividade lúdica a lidar com seus conflitos e experiências negativas mais primitivas. Desta forma, o brinquedo tem papel fundamental em psicanálise de crianças que utiliza a técnica do brinquedo para a expressão das vivências traumáticas precoces e sua elaboração.

Todo ser humano tem enorme potencial de criatividade e sente prazer no jogo lúdico criativo. Assim, o brincar favorece a criatividade e é fundamental no desenvolvimento e exercitação da capacidade de pensar A criança que não sabe brincar, ou tem bloqueada sua atividade lúdica, apresenta conflitos em sua interação com o mundo e empobrece seu mundo mental. Há, portanto, estreita relação entre o brincar e a saúde mental.

5

ALGUNS ASPECTOS DO ÉDIPO PRECOCE

Apresentado na Sociedade Brasileira de Psicanálise de São Paulo (SBPSP), outubro de 1994.

A criança, durante o período gestacional e os primeiros anos de vida, mantém estreita ligação materno-paterno-familiar através de um estado de dependência tanto maior quanto mais jovem ela for. Sua dependência do organismo materno durante a gestação é total, e sua separação é incompatível com a sobrevida antes dos 6 meses de gravidez. Isto determina um sincretismo intenso em que praticamente ocorre uma fusão de identidades. O processo de individuação só começa a estabelecer-se após o nascimento, gradualmente e na medida em que se processa sua própria experiência vivencial e a maturação de seu sistema nervoso, o que vai lhe permitir maior percepção do mundo externo através dos órgãos dos sentidos. Entretanto, isso não significa que o bebê ao nascer nada tenha registrado de sua experiência vital intrauterina, conforme crenças populares e hipóteses teóricas decorrentes do trabalho clínico com crianças e pacientes muito regredidos funcionando em estados primitivos de mente, o que vem sendo comprovado a partir de experiências e observações mais recentes que utilizam tecnologia avançada.

Considerando as vivências do bebê em seu processo gestacional, em que algum registro já deve estar sendo feito embora de forma primitiva (caso contrário, não haveria razão para que o sistema nervoso fosse um dos primeiros a se formar no período embrionário, uma vez que a neurulação se inicia na terceira semana de vida e os gânglios sensitivos dos nervos cranianos e espinhais se formam neste período a partir da crista neural), podemos supor que sua experiência vital se caracteriza por sensações e vivências de caráter absoluto, pois tudo de que seu organismo necessita lhe é fornecido pela mãe de forma imediata e contínua, sem que haja necessidade de qualquer demanda.

Assim, a experiência fetal se caracteriza por:

- aporte contínuo, por via sanguínea e através do cordão umbilical, de substâncias alimentadoras (oxigênio e nutrientes) e eliminação contínua de substâncias tóxicas (gás carbônico e detritos) respectivamente recebidos e despejados no organismo materno para metabolização;
- proteção permanente em relação aos traumatismos e estímulos do mundo externo através de líquido amniótico, membranas fetais, musculatura uterina, vísceras, epiplon, musculatura abdominal e pele da mãe, que formam uma consistente barreira protetora;
- vivência inicial de possibilidade infinita de expansão, uma vez que a grande elasticidade do útero materno (tem três camadas musculares com fibras circulares, longitudinais e obliquas) permite a abertura de espaço na cavidade abdominal, comprimindo as vísceras da mãe, na medida em que o feto vai se desenvolvendo.

Tudo isso o leva a experimentar e registrar uma vivência de plenitude paradisíaca, de forma cabal e extrema nos primeiros meses de gestação, que só vai começar a se alterar na medida em que a expansão da musculatura uterina da chega ao limite de sua elasticidade, quando as vísceras abdominais da mãe atingem o limite de suportação de compressão, o espaço abdominal fica extremamente reduzido, e a musculatura abdominal materna (que tem somente fibras longitudinais com menor elasticidade que as uterinas) começa a fazer resistência aos avanços expansionistas do feto. É quando ele começa a experimentar o *Limite*.

Geneticamente, todo ser traz consigo a força propulsora para o seu desenvolvimento e organização (*Instinto de Vida*) ou seja, um patrimônio genético multiplicador e organizador, e, pela presença muito precoce de gânglios sensitivos, provavelmente registra essas vivências primitivas de sensações paradisíacas que lhe proporcionam paz, quietude e extremo prazer. Esses registros irão organizar-se como sua primeira série complementar satisfatória, que, através da experiência gratificante acumulativa, vai determinar o enriquecimento de suas potencialidades vitais. Assim, a sua reserva patrimonial genética irá sendo enriquecida através das experiências fetais gratificantes vivenciadas intrauterinamente, o que poderá ser usado para neutralizar as sensações desagradáveis experimentadas como desprazerosas e perturbadoras de sua tranquilidade, ou seja, o desconforto da restrição à sua expansão. Como a toda tese corresponde uma antítese, também é portador de um patrimônio genético que tende a desorganizar e desintegrar o organizado e integrado, ou seja, uma força instintiva destrutiva herdada (*Instinto de Morte*), que é mobilizada sempre que algo interfere na sua tranquilidade e quietude, causando-lhe desprazer e dor, o que é vivenciado como experiência desagradável e ameaça catastrófica desintegrativa a partir de uma pré-concepção em seu código genético.

Dependendo do que cada indivíduo recebe geneticamente de energia integradora e desintegradora (*Patrimônio*) e da que recolhe por gratificações e frustrações em sua experiência vital (*Capital de giro*), vai desenvolvendo maior ou menor capacidade de integração de seu Ego, sendo suas primeiras vivências de suma importância, porque deixam marcas indeléveis em seu psiquismo (*Marcas mnêmicas e primeiras séries complementares*).

As vivências fetais experimentadas, em que estar ligado e receber TUDO é VIVER, enquanto desligar-se é o NADA, o caos, é MORRER, devem referendar expectativas genéticas pré-concebidas sobre Vida e Morte, que formam a raiz de nossa fé e esperança de vida e o temor atávico da morte. Apesar da vivência altamente gratificante e absolutamente satisfatória do paraíso fetal, existe uma expectativa e uma ameaça constante de perda como algo impresso em seu registro genético.

A vida começa a partir da constituição da matéria orgânica por um processo de transformação do inorgânico; o organismo surge a partir do desorganizado; as células germinadas só podem encontrar-se ao se desprender das gônadas; a união surge a partir da separação; a Vida surge a partir da Morte. A concepção se faz a partir do desprendimento e união dos gametas, intercâmbio genético, divisão e reintegração celular; através de um processo sucessivo de desintegração e reintegração; lenta e gradualmente vai ocorrendo o início da estruturação embrionária.

Como uma das primeiras estruturas a se organizar é a placa neuronal, seguida da formação do cordão neural, investiga-se até que ponto essas primitivas células nervosas já poderiam recolher alguma impressão ou sensação. A implantação do ovo faz-se de maneira agressiva, na qual os trofoblastos dissolvem o cimento celular das células da mucosa uterina para penetração e fixação de maneira ativa, a partir do que vai estabelecer-se no intercâmbio com o organismo materno, que por sua vez recebe sustentação e proteção do organismo paterno. É provável que, a partir das concepções genéticas, já haveria uma busca e uma certa percepção do vínculo afetivo-amoroso do casal como fonte de vida, proteção e sustentação. Aí residiria a primeira etapa de um Édipo primitivo, busca do estabelecimento de um vínculo inicial incestuoso, simbiótico com os organismos que lhe deram origem.

A partir do momento em que se estabelece a fecundação e, depois, a implantação ovular, o estar ligado é a sua garantia de sobrevivência, enquanto o isolar-se, o desligar-se representa a morte inexorável. A necessidade de manter-se intensamente ligado aos pais (*Placenta-Útero*), para sobreviver, é a base do incesto, que vai acompanhá-lo durante grande parte da sua vida, e sua elaboração vai ser possível apenas quando puder aceitar o limite de sua individuação, de sua própria identidade, o que só ocorrerá na maturidade, com a resolução final do Complexo de Édipo.

Dentro deste enfoque e para melhor compreensão didática, considero ser o Complexo de Édipo muito precoce, já existindo desde o momento da concepção, como tendência incestuosa, e evoluindo em várias fases ou etapas, de acordo com as vicissitudes libidinais, amorosas e agressivas; de experiências vitais que gradualmente vão estruturando e desenvolvendo o Ego, suas funções e seus mecanismos de defesa, permitindo a aceitação da individuação (*Limite*), saindo do ABSOLUTO para o RELATIVO, o que representa afinal a resolução do Complexo de Édipo e a entrada na maturidade.

Primeira Etapa
GESTACIONAL-NARCÍSICA

O estabelecimento vincular primitivo, incestuoso, com o corpo da mãe a partir da implantação do ovo na mucosa uterina e toda a experiência vital de relacionamento com a placenta, que nutre continuamente o embrião e ao mesmo tempo metaboliza seus produtos tóxicos catabólicos, e com o útero protetor, que lhe permite a possibilidade de expansão, favorecem o estabelecimento de vivências e fantasias paradisíacas, de plenitude nirvânica, que são a base do *Princípio do Prazer Absoluto.* Como não existe percepção clara da fonte de Prazer como algo independente de seu corpo, as sensações prazerosas registradas favorecem fantasias narcísicas primárias, vinculadas ao "*Complexo de Deus*", ou seja, sensações de ser o princípio e o fim de si mesmo. A onipotência, a onisciência e a onipresença, atributos de Deus, seriam as consequências narcísicas primárias decorrentes destas vivências primitivas de se autobastar e que intensificam o desejo da vivência permanente do PLENO, do PERFEITO, do ABSOLUTO (ID = EGO IDEAL). As vivências deste período são absolutamente incestuosas.

Segunda Etapa
PUERPERAL AUTÍSTICA

No final da gestação, pela vivência de redução do espaço intrauterino, o desencadear do parto se faz a partir do desejo expansionista do feto, que não aceita os limites impostos pela realidade biológica limitante e busca manter a ilusão narcísica e onipotente de não ter limites (*Realização incestuosa*).

A ruptura vincular biológica, com o nascimento, determina a suspensão da vivência plena (ID = EGO IDEAL) e a instalação da repressão primária, vivenciada como algo absolutamente catastrófico (ID ≠ EGO IDEAL).

O desejo de retorno ao vínculo com o objeto primitivo placentar (*Pulsão incestuosa*), que na experiência anterior foi incorporado como parte de si mesmo, determina a defesa narcísica de negação da separação, não se discriminando do objeto primário e buscando em si mesmo a satisfação plena calcada na fantasia absoluta de se autobastar, o que reforça as tendências narcísicas primárias. Surge o enquistamento defensivo ao contato com o mundo externo, apoiado na fantasia de retorno ao útero e de recuperação do vínculo primitivo idealizado da vivência intrauterina. O investimento libidinoso maciço dos pais sobre o recém-nato ("Sua Majestade o Bebê") reforça a tendência narcísica do período puerperal. O estabelecimento gradual da amamentação e a recuperação do contato libidinoso com o corpo da mãe (que ele reconhece) dão ao bebê a ilusão do poder mágico (satisfação imediata de seu desejo, ID = EGO IDEAL), o que reforça seu vínculo idealizado com o objeto interno das vivências fetais, favorecendo a manutenção da retração autística e fantasia da realização incestuosa.

Terceira Etapa
SIMBIÓTICA (Édipo Precocíssimo)

Ocorre no final do puerpério quando o corpo da mãe gestante recupera sua condição de mulher – fêmea – e se reativa seu desejo libidinoso-afetivo-amoroso pelo companheiro, o que determina o restabelecimento das relações conjugais-sexuais.

A sistematização harmoniosa do ritmo das mamadas e a consolidação do vínculo mãe-bebê também favorece a tranquilidade afetiva materna, que se permite retirar parte do investimento libidinoso maciço feito sobre ele para destiná-lo ao seu companheiro.

O pai também diminui o investimento libidinoso inicial feito sobre o filho. Pode ocorrer que esse investimento inicial seja hostil, na medida em que a criança absorve toda a afetividade da mãe, e o pai se sente o terceiro excluído da relação mãe-bebê. Na medida em que recupera seu lugar junto à esposa, o pai se sente mais participante, diminuindo sua rivalidade e competição com a criança.

O bebê percebe concretamente a diminuição do investimento libidinoso tanto da mãe como do pai não só pelo alto grau de sensibilidade que possui, como também devido à diminuição da produção láctea da mãe, que ocorre nesse momento – ao redor da sexta semana de vida.

É evidente que sua percepção também está mais acurada devido à diminuição das ansiedades persecutórias e efeitos traumáticos do nascimento em função do estabelecimento gradual e periódico do vínculo com a mãe-seio-objeto através da amamentação harmoniosa (*Introjeção de bons objetos*) bem como devido à sua maturação neurológica – mielinização –, que lhe permite melhor contato sensorial e perceptivo da realidade.

Assim, nesse momento, a presença do pai já começa a se impor e a interferir na sua relação com a mãe. Isso corresponderia a um primeiro esboço da relação triangular edípica (*Édipo Precocíssimo*).

Como ainda não dispõe de estrutura egoica suficiente para lidar com as ansiedades de perda que essa situação provoca, defende-se utilizando a identificação projetiva maciça e se projeta para dentro do corpo da mãe, identificando-se com ela na sua relação com o pai e com o mundo externo, constituindo assim uma unidade simbiótica com ela – e com o pai através da mãe.

Esse momento é muito importante, pois favorece a saída da retração autista – de negação do mundo externo – para a relação simbiótica – de busca de contato com o mundo externo através da mãe –, que vai favorecer o gradual estabelecimento de contato com o mundo externo e com a Realidade.

Quarta Etapa
GENITAL PRÉVIA (Édipo Precoce)

É a fase crítica da maior percepção da diferenciação Eu, Não-Eu, que lhe permite gradualmente perceber a Realidade e perceber-se separado dos pais devido a vários fatores:

- biológicos: a mielinização céfalo-caudal – coordenação visomotora, imitação gestual voluntária, sorriso-resposta, sentar, ficar em pé etc.;

- psicológicos: a diminuição das ansiedades persecutórias devido à boa introjeção de objetos na amamentação e nas primeiras relações com o mundo externo.
- socioambientais: a presença de pais amorosos, tranquilos, continentes e capazes de metabolizar as ansiedades do bebê (*Família-casal parental como útero-placenta externos*).

Essa maior discriminação da realidade gradualmente vai permitir sua diferenciação-individuação. E, com o aumento de sua integração e estruturação egoica, começa a perceber melhor sua dependência do casal parental para sua sobrevivência.

Quanto melhor se individualiza e percebe os pais separados dele, mais projeta sobre o casal parental seus desejos edípicos incestuosos de um vínculo absoluto e permanente com o objeto, projetando sobre a figura parental combinada a fantasia idealizada da relação conjugal permanente (*Coito Contínuo*).

Na medida em que se percebe limitado, dependente e insuficiente, inveja cada vez mais a relação idealizada dos pais, ficando insuportável o sofrimento de se sentir vazio, impotente e necessitado, enquanto eles gozam as delícias de uma relação perfeita. Isso pode levá-lo à depressão melancólica.

A agudização desse processo coincide com o surgimento da dentição e do sadismo oral, com o incremento de sua agressividade oral. Suas fantasias destrutivas se intensificam devido à voracidade, ao sadismo oral e à inveja da relação parental, que, quanto mais intensas, mais insuportáveis ficam, levando-o a projetar sobre o casal parental seus sentimentos hostis, transformando a relação inicialmente idealizada em relação agressiva, sádica, voraz, destrutiva (*Cena Primária*) – e que passa a ser uma figura persecutória para a criança.

Se a hostilidade do bebê não for muito intensa e ele tiver bom vínculo amoroso com os pais, os sentimentos agressivos determinam o surgimento da *culpa depressiva* e do temor do abandono (*Ansiedades depressivas pelo temor da perda do objeto*), levando-o a buscar restabelecer um bom vínculo através de atitudes reparadoras. Se, porém, for muito intensa, pode determinar a instalação da *culpa persecutória*, estruturando um Superego tanto mais sádico e cruel quanto maiores o seu absolutismo e os seus sentimentos hostis.

A culpa depressiva favorece o desmame (para proteção do objeto em relação ao aumento do sadismo oral, determinado pelo surgimento dos dentes), o que rompe o vínculo oral com o corpo da mãe, iniciando o processo de dessimbiotização. O bebê procura então outra forma de estabelecer relação com o objeto.

Em sua pré-concepção genética, traz consigo tendências orais, anais e genitais. Como pela mielinização passa a ter maior percepção de sua região perineal, por volta do nono mês de vida, descobre seus genitais. Suas mãos exploram o mundo externo e seu corpo, gerando sensações gratificantes. Assim, desloca para esta região seus desejos libidinosos de contato, já que a região oral ficou proibida em função da presença e da experiência destrutiva dos dentes, que dolorosamente cortam sua gengiva no momento do desprendimento e estraçalham os objetos externos na mastigação. Esse deslocamento zonal também é determinado pela presença e relacionamento do casal parental, nos quais o bebê se projeta e se identifica, o que transforma essa relação em algo intensamente idealizado ou oralmente destrutivo (*Cena Primária*). A criança intui a relação amoroso-sexual do casal parental, o que polariza seu interesse pela respectiva região do corpo, que passa a ser idealizada e privilegiada como zona erógena (*Fase Genital Prévia*, Arminda Aberastury), por um processo de identificação com os pais (*Figura Parental Combinada*).

Neste período, prepondera o "curiosear" visualmente (*Voyeurismo*), pois a criança ainda não consegue deslocar-se por si só para tocar os objetos mais distantes. E é exatamente a polarização pela atividade genital do casal parental (*Édipo Precoce*, Melanie Klein) que vai mobilizá-la a desenvolver sua capacidade de domínio voluntário e de deslocamento do corpo, produzindo movimentos de engatinhar e andar para aproximar-se fisicamente dos pais, movida pela curiosidade sexual (*Escoptofilia*) e pelo desejo de participar de sua relação amorosa e de produzir também o que eles produzem sexualmente (filhos, "VIDA"). Seu desejo é deslocar-se e participar, através do domínio visual (*Voyeurismo*) e de contato (*Toque*), da atividade erótica do casal parental.

Na impossibilidade da realização dos seus desejos de vinculação em nível genital, a busca e a excitação erógena genital gradualmente vai sendo substituída pela sensação prazerosa do atrito vivenciado na excitação da mucosa retal e anal quando da passagem do bolo fecal (a inervação de ambas as regiões é feita pelos nervos pudendos). Como não é possível a concretização de satisfação erótica genital, a experiência excitante da passagem de um objeto concreto estimulando a mucosa retal e anal (*Equivalência fezes-pênis-bebês*) determina o deslocamento da erogenização para a zona anal, acrescido do interesse da criança em relação ao seu produto – sua obra, seu "filho", a "Vida" reconstruída, reparada, que sai dela periodicamente – e passa a se interessar por seus produtos.

Isso também determina o seu interesse pelos sons que emite, que também são produtos seus, vinculados à zona oral. As palavras-filhos passam a ter equivalência simbólica, expressando a reconstrução interna dos objetos destruídos por seu sadismo oral. A linguagem e as fezes formadas, portanto, têm caráter de reparação simbólica.

Quinta Etapa
ÉDIPO FÁLICO

A marcha e o controle muscular, a linguagem e o controle vocal, as fezes e a urina e o controle esfincteriano dão à criança a sensação de domínio sobre si mesma e sobre seus produtos, o que a ajuda a sair da situação depressiva e dos sentimentos de desvalia, favorecendo o desenvolvimento da autoestima. Dependendo da intensidade e do grau de culpa, se depressiva ou persecutória, pode aparecer um fortalecimento da autoestima (*Narcisismo Primário*) ou intenso sentimento de insuficiência (*Impotência Melancólica*).

Há uma retomada dos desejos edípicos em termos absolutos incestuosos, seja de forma normal ou patológica. A criança coloca-se no mesmo plano dos pais, já agora perfeitamente individualizados e discriminados, uma vez que ela pode também sentir-se autônoma (*Identidade Pessoal*) e deseja participar da relação estabelecida entre eles (*Édipo Fálico*).

A relação triangular edípica fica bem estabelecida e delimitada; a criança entra em competição direta com o adulto, retomando os desejos de contato em nível genital, porém, polarizando-se de maneira seletiva (o menino em relação à mãe e a menina em relação ao pai). O estabelecimento claro dos limites pelos pais (*Castração*) é elaborado na medida em que dá à criança uma noção de sua limitação infantil, mas com uma perspectiva de crescimento e de realização futura, tolerando ser limitado e aceitando aprender a ser adulto com os pais (modelos de identificação sexual), o que favorece a subordinação (*perda do "Complexo de Deus"*) e a postergação da realização do desejo sexual pela repressão das tendências incestuosas (*declínio do Complexo de Édipo e deslocamento sublimatório para a aprendizagem*). A aceitação do limite é fundamental para o desenvolvimento da aprendizagem e da identidade sexual.

Sexta Etapa
ÉDIPO GENITAL

Com a maturação fisiológica pubertária, há um recrudescimento dos impulsos incestuosos edípicos (*Endogamia*). Mas o desenvolvimento da identidade sexual, a sublimação pela aprendizagem e a elaboração da fantasia da bissexualidade pelo declínio do "*Complexo de Deus*" (*onipotência, onisciência e onipresença*), com a aceitação do Limite, favorecem a busca da complementaridade e o enriquecimento através da relação heterossexual (*Exogamia*).

As funções egoicas de discriminação da realidade, de reflexão e juízo de valor e de planejamento da ação dão ao indivíduo plena consciência de sua condição de ser humano limitado, mas com capacidade e perspectiva de realização como pessoa e como ser social no intercâmbio da vida familiar, profissional e comunitária. É aí que se completa a elaboração do Complexo de Édipo, através do domínio dos impulsos incestuosos primitivos e do deslocamento sublimatório desta energia vital para a capacidade de pensar antes de agir impulsivamente. É quando se atinge a plena maturidade e a condição humana de ser um *Homo Sapiens*, ou seja, adquirir a sabedoria de viver.

6

EDUCANDO EM TEMPOS DE ADVERSIDADE

Ensinando a criança a proteger-se contra as violências e riscos que a cercam

Para abordar o tema que me foi designado, devo destacar como ponto essencial a importância de ensinar a criança a cuidar de sua vida, em primeira instância para a sua própria sobrevivência, protegendo-a desde o momento da concepção até que ela seja capaz de assumir esta responsabilidade e, na medida que já apresente esta capacidade, educá-la para respeitar e preservar a vida no mundo.

Devido à complexidade da estruturação psíquica e do desenvolvimento da personalidade, é muito difícil generalizar formas de educar, pois são muitos os fatores que intervêm neste processo: biológicos, afetivo-emocionais, psicológicos, socioculturais, ecológicos, histórico-geográficos, mitológicos, crenças religiosas etc. Assim, há um conjunto de fatores vinculados ao corpo, ao ambiente, à mente e ao espírito que interferem na construção de uma personalidade.

A família é o caldo de cultura em que se estrutura e desenvolve a mente do ser humano. Proporcionar aconchego amoroso e atender às necessidades básicas de um novo ser em seu processo de desenvolvimento se denomina *Atenção Primária*, que é diferente de termo anteriormente usado de *Prevenção*, pois quem atende está envolvido. Antigamente, todo projeto de saúde visava mais o combate à doença. Atualmente, procura-se mais a promoção da saúde e, em psiquiatria de modo mais específico, busca-se promover a saúde mental, que pretende dar um sentido ao viver de cada ser humano para que este possa sentir-se feliz e realizado. Para isso, a abordagem deve ser feita não somente em relação ao indivíduo, mas também à sua família e à comunidade em que vive.

Em 1995, realizou-se em Lisboa, Portugal, um simpósio com o tema "*Stress* e Violência na Criança e no Jovem", promovido pelo Departamento de Educação Médica e Clínica Universitária de Pediatria da Universidade de Lisboa. Nele, 28 especialistas nas áreas de educação e saúde, procedentes de vários países e continentes, discutiram o tema, organizando a "Declaração de Lisboa", sob a coordenação do professor João Gomes Pedro, documento que foi enviado aos governantes de vários países como um alerta sobre a necessidade de tomada de consciência e de medidas para diminuir o impacto da violência contra estas faixas etárias no mundo atual. Posteriormente, houve a publicação de um livro com o conteúdo das apresentações feitas no simpósio, em edição de 5 mil exemplares.

Abordei na ocasião o tema "*Stress* da Vida e Destino da Mente" (*Stress*, Violência e Educação), demonstrando minha preocupação com a criança e com o jovem submetidos à violência no final do século, solicitando uma reflexão profunda e continuada sobre os objetivos da saúde mental e o destino da mente humana face às modificações de hábitos, costumes e princípios educacionais que surgiram e ainda ocorrem de maneira intensa e veloz no mundo todo e também sobre o papel e a intervenção esperada dos profissionais de educação e saúde na determinação de linhas de ação para diminuir o impacto do *stress* e da violência sobre a mente jovem em formação. Em síntese, abordei o papel da família, da escola e da comunidade como responsáveis pela formação da personalidade de crianças e jovens que, no futuro, serão responsáveis pelo destino da sociedade. Coloco este texto à disposição dos interessados [Ver Capítulo 8 deste livro].

* * *

Apesar de todo o progresso conseguido no atendimento à criança e ao adolescente nos últimos anos, com maior número de especialistas dedicados ao atendimento destas faixas etárias e atendimento às famílias e às comunidades, com melhoria em nível curativo, de atenção primária, tratamento, reabilitação, atenção educacional, nota-se ainda a existências de crianças desabrigadas, negligenciadas, abandonadas, expostas à violência sexual e social, com carências múltiplas, sofrendo agressão física e mental, separadas de suas famílias por tragédias existenciais, vítimas de políticas socioeconômicas e culturais perversas.

O rompimento de culturas tradicionais, o advento explosivo da liberalização dos costumes, a "guerra urbana", o tráfico de drogas, a prostituição infantil, o analfabetismo, a pobreza e a miséria, além da desagregação das famílias e da desorganização comunitária, são alguns dos fatores que constantemente submetem o indivíduo a um bombardeio estressante de estímulos adversos que interferem na sua relação com o mundo e consigo mesmo. Além dos citados, o próprio desenvolvimento tecnológico e a educação pragmática de massa, sem afeto, são também condições que podem favorecer o desabrochar de sérias perturbações mentais.

A criança e o jovem atuais sofrem exigências enormes, porque o mundo se desenvolveu rápido demais e cobra deles um processo de maturação "a jato". Em pouco tempo, aconteceram transformações enormes no mundo da educação, com vantagens e desvantagens. Estamos presenciando as repercussões destas mudanças em nossos filhos e nossos pacientes e nos preocupamos com o novo mundo que terão que enfrentar. Como será seu futuro? Que outras mudanças encontrarão? Que novos desafios terão? Como ajudá-los a desenvolver adequada capacidade de adaptação? Como favorecer sua compreensão de que adaptar-se é interagir com o ambiente e não apenas acomodar-se? Como poderão defender-se dos riscos que os cercam?

Ajudando-os a aperfeiçoar sua condição humana, não vivendo apenas ao sabor dos acontecimentos, mas dando um sentido ao seu existir – eis a resposta. Ensinando-os a usar melhor seus recursos herdados e adquiridos, sua resiliência, sua capacidade inata de resistir aos efeitos desestruturantes das mudanças, aprendendo com nosso exemplo e ação a cuidar da vida nos seus diversos aspectos e, através de sua maturação mental, desenvolver sua capacidade adaptativa, ideativa e criativa que os qualificam e diferenciam dos seres vivos existentes no nosso planeta.Torna-se urgente o resgate dos valores humanos, essenciais para o pleno desenvolvimento do processo de maturação mental, que infelizmente têm sido ignorados por parte de nossa sociedade moderna, que, caracterizada por excesso de consumismo, valoriza mais o ter, a posse material, em detrimento do ser, do dar um sentido à vida.

As rápidas mudanças estruturais da sociedade atual e seus efeitos sobre as crianças e os jovens levaram os especialistas na área da *psiquiatria da infância e adolescência* a criar uma nova especialidade – a *psiquiatria do bebê* – como um novo campo do saber humano, com grande abrangência, não ficando restrito apenas aos aspectos biológicos, mas buscando a convergência transdisciplinar, tendo conexão com aspectos comunitários e sociais. Como não se pode pensar na criança sem considerar sua profunda interação com a figura feminina, sobretudo nos primeiros anos de vida, que são essenciais à estruturação da personalidade do ser humano, a importância do resgate da boa relação mãe-bebê tem sido um dos eixos do trabalho de atenção primária em saúde mental. Entretanto, a mãe não existe isoladamente; ela vive em profundo envolvimento amoroso com seu companheiro e seu comportamento afetivo com o bebê vai depender de sua relação afetivo-conjugal, o que evidencia a importância do pai na família e no desenvolvimento da criança

Assim, resgatou-se a importância da presença do pai no desenvolvimento e no processo de maturação relacional afetiva do bebê, favorecendo nova área de atuação – a *psiquiatria da família*. Como ambos sofrem influência da cultura em que vivem inseridos, um novo campo de estudo e intervenção surgiu com a *psiquiatria social e comunitária*. Assim, a psiquiatria deixou de ser apenas uma especialidade médica que cuida da doença mental, ampliando seu campo de ação para maior abrangência na promoção da saúde integral através de um trabalho de equipe amplo em relação ao indivíduo, à família, à comunidade.

* * *

O cuidar da vida começa muito cedo, desde quando um jovem casal se une amorosamente tendo um projeto de vida comum, com o propósito de ter filhos, educá-los e constituir uma família. O acompanhamento amoroso dos pais desde quando o bebê começa a se formar, dentro do útero, até o momento de ser capaz de cuidar de si mesmo, ser responsável por seus atos e inserir-se como cidadão em sua comunidade social, atingindo a maioridade, é um longo processo. Juridicamente, convencionou-se que isso se dá ao se completar 21 anos, embora na prática isto ocorra muitas vezes bem mais tarde, ou até mesmo pode ocasionalmente não se processar.

Cada indivíduo tem determinada composição genética, desenvolvendo-se em um ambiente específico, em clima familiar afetivo-emocional peculiar, através de uma vivência específica de acordo com as circunstâncias locais. Assim, cada ser é diferente de todos os demais, sendo, portanto, único, com características próprias. No seu processo de maturação, existem muitos momentos críticos normais ou patológicos, dependendo de como cada um lida com os dados da realidade que são julgados a partir de sua própria experiência vital e dos referenciais que lhe foram transmitidos pela família (geneticamente ou pela educação) e pelas regras da comunidade durante o seu prévio existir. A educação recebida lhe permite fazer um juízo de valor, com uma escala de prioridades que varia segundo a cultura onde está inserido. Entretanto, existem valores básicos, imutáveis e universais, próprios da condição humana, que são essenciais à vida comunitária: o compartilhar a vida com respeito, honestidade, justiça, fraternidade, solidariedade, compreensão, dignidade e Amor. Esta escala de valores se estabelece gradualmente pela educação, na medida em que a criança incorpora os valores que lhe são transmitidos pelo ambiente em que vive e que entram em sintonia com sua maneira de ser e sentir.

Existem, portanto, dois mundos – um interno (estrutura biológica) e um externo (ambiental: familiar e cultural), que se comunicam pode meio de uma estrutura psíquica que vai se organizando gradualmente durante o processo de maturação da personalidade e que foi denominada por Freud de *Ego*. A base orgânica, fonte de energia vital, denominada ID (Freud), também chamada de *Ego corporal*, é a parte que vai estruturando o *Ego psíquico* a partir da experiência de contato com o mundo externo. Existem tendências inatas, genéticas (temperamentos) que vão se consolidando ou modificando pela experiência vital fora do útero materno, determinando a incorporação de uma *escala de valores* que é fundamental na estruturação do

Superego (Freud), na capacidade crítica de discernimento do que é certo ou errado, e que determina o senso moral e ético do indivíduo, dando-lhe capacidade para analisar e refletir a realidade e, a partir de sua capacidade de pensar, ter a liberdade de decidir qual o melhor caminho a seguir. Isto se estrutura e desenvolve ao longo da vida e é o que Freud chamou de *Funções do Ego,* que caracterizam a forma humana de viver, ou seja: desenvolver a capacidade de discernimento, distinguindo o que é o fato real daquilo que é o seu desejo ou fantasia, poder refletir sobre os fatos da realidade e as diferentes opções de ação e ter a liberdade consciente de decidir qual o caminho a tomar assumindo a responsabilidade de sua escolha.

O processo de desenvolvimento da identidade de cada um depende da maturação (ser mais ou ser menos maduro) e se realiza de modo harmônico ou desarmônico. Quanto mais jovem e imatura for a criança, mais vulnerável ela é e mais sofrerá nas situações de risco. A harmonia ou desarmonia das linhas de desenvolvimento (neurológico, psicológico, motor, de comunicação social, afetiva e de linguagem) vai depender da estrutura genética e da experiência vital de cada criatura.

O ambiente tem que criar condições para o desabrochar do indivíduo. A família, portanto é o primeiro meio de cultura do indivíduo. Os pais não podem atrapalhar o processo natural de maturação de seus filhos, mas também não podem faltar com sua presença e exemplo. Devem saber "proteger sem abafar e dar liberdade sem abandonar". Aí está a arte de saber educar.

No exercício de sua função, tanto os pais quantos os professores e os membros da comunidade devem ter uma visão integral do ser humano e compreender sua complexidade, atendendo a suas necessidades básicas no momento e nas circunstâncias que está vivendo, de acordo com o seu grau de maturação. Não podem e nem devem querer seres perfeitos ou exigir maturação antes da hora – e nem tratá-los como bebês a vida toda. A natureza não dá saltos, e a maturidade da personalidade se realiza de maneira lenta e gradual através das tendências genéticas e da experiência vital de cada ser.

No dizer do psicanalista britânico Donald Winnicott, a mãe tem que ser suficientemente boa. Esta afirmação pode ser estendida a todas as pessoas que trabalham com crianças, adolescentes e até mesmo com adultos. O ser humano é falho: não tem a perfeição de um deus. A fantasia de perfeição está fundada no *Narcisismo Primário* e não dá espaço para a tolerância das imperfeições. Está fundada na lei do absoluto, do Tudo ou Nada, sem levar em conta a condição humana de um ser finito em processo de desenvolvimento e maturação. Os pais, os profissionais (professores e médicos), que exigem o ideal de perfeição, têm que ser apenas suficientemente bons, porque também são limitados; se fossem perfeitos como deuses, criariam um enorme distanciamento na relação com as crianças e os jovens, levando-s a se sentir muito inferiorizados, o que fomentaria sentimentos competitivos narcísicos de inveja e agressão ou de insuficiência e baixa autoestima. Isto impediria a proximidade e a incorporação de modelos e qualidades positivas, bem como tolerância em relação aos defeitos e aceitação de limites, que são básicos para haver aprendizagem.

Então, é importante demonstrar limites e como se lida com eles, sem deixar de utilizar as qualidades humanas reais para que sirvam de modelos de identificação. Contudo, pais muito falhos, tanto quanto pais "perfeitos demais", não servem como modelo. Nem tanto ao mar nem tanto à terra. Deve-se sair do esquema do absoluto e ensinar a criança e o jovem a ter flexibilidade, a saber lidar com o relativo! A se aceitar com seus limites e a procurar superá-los com paciência e tenacidade num processo lento e gradual de aperfeiçoamento como ser humano.

No processo de desenvolvimento, existem três gestações:

- uma intrauterina (biológica);
- outra dentro da família (socioambiental);
- e uma terceira gestação pessoal (psicológica), de incorporação da cultura comunitária, que depende das duas primeiras e desenvolve e estrutura a personalidade, a maneira peculiar de cada um ser e sentir, ou seja, a identidade específica de cada pessoa.

A primeira gestação é uterina, simbiótica, incestuosa, ou seja, permite a vivência de plenitude, de *Prazer Absoluto*, em que o ser experimenta um existir sem sofrimento, sem ter necessidades nem frustrações (pois o corpo da mãe fornece continuamente o alimento, protege e abre espaço para o desenvolvimento do feto). Aqui se fixa a raiz do *Narcisismo Primário*, de vivência do absoluto, do "*Complexo de Deus*", em que a experiência vivencial do feto é de que tudo existe em função de si mesmo e "gira em torno de seu próprio umbigo". A plenitude do *Princípio do Prazer* (Freud) passa a ser a busca idealizada do individuo.

Na segunda gestação, iniciada pela ruptura da simbiose determinada pelo trauma do parto – desencadeado pela redução do espaço intrauterino e impedimento da expansão do feto (primeiro contato com o limite) –, o contato com o mundo externo, a atenção e os cuidados que a família dedica ao bebê levam à manutenção necessária do *Narcisismo Primário* (para evitar o sofrimento e a frustração da ruptura simbiótica), estimulando o autoerotismo e a fantasia de ser o centro das atenções ("*Sua Majestade o Bebê*", segundo Freud), favorecendo a percepção e seu interesse no próprio Eu.

A terceira gestação irá se desenvolver gradualmente, na medida em que a criança percebe a mãe separada dela. Uma boa identificação a partir da incorporação e introjeção desta imagem de mãe boa, cuidadora e atenciosa (*introjeção de bons objetos*, segundo M. Klein) diminui e neutraliza o desprazer causado pelas frustrações naturais causadas pelo meio ambiente e vai aumentando seu limiar de tolerância à frustração (segundo Bion). Isto permite à criança tomar melhor contato com o ambiente, perceber melhor a mãe, bem como a presença do pai e de eventuais irmãos como pessoas autônomas, individualizadas, relativas, ora gratificantes, ora frustrantes, e passar a tolerar melhor o rompimento da simbiose e o seu próprio limite.

Em função dos cuidados recebidos amorosamente passa a lidar melhor com a realidade limitante, começando a ensaiar movimentos autônomos em busca de sua própria independência, que, na medida gradual em que vai sendo conquistada (sentar, engatinhar, andar, falar, controlar o seu corpo e esfíncteres), leva a criança a tolerar melhor os fracassos e a perceber sucessos; na base de ensaio, erro e acerto, na experiência motora concreta, ela vai desenvolvendo sua autoconfiança e autoestima e vê diminuídos o temor e as ansiedades persecutórias do início de seu contato com o mundo externo, podendo então melhorar sua capacidade de discriminação da realidade e de aprendizagem (Princípio do Realidade, Freud).

Resumindo, pode-se esquematizar estas etapas da seguinte forma:

ASPECTOS SOCIOAMBIENTAIS: FAMÍLIA

Importância dos PRIMEIROS VÍNCULOS

Primeira gestação (biológica):
UTERINA
Segunda gestação (socioambiental):
FAMILIAR, COMUNITÁRIA, CULTURAL
Terceira gestação (psicológica):
PESSOAL, formação da IDENTIDADE

Vida intrauterina	**Mundo Externo**	**Mundo Interno (psíquico)**
Princípio do PRAZER		Princípio da REALIDADE
do ABSOLUTO		para o RELATIVO

Vivência Incestuosa	**Vivência da Frustração**	**Aceitação do Limite**
1ª Gestação	**2ª Gestação**	**3ª Gestação**
Alimentação contínua	FAMÍLIA	Boas introjeções
Proteção externa	Continência	Diminuição AP
Expansão plena	Contacto mundo externo	Aumento LTF
	SM o Bebê	Introjeção BO
Paraíso Uterino=	Narcisismo 1°	Narcisismo 2°
"Complexo de Deus"	Autoerotismo	Heteroerotismo
Trauma do Parto	Percepção do Eu	Percepção do Outro
		Relativização

Abreviações:

SM: Sua Majestade
AP: Ansiedade Persecutória
LTM: Limiar de Tolerância à Frustração
BO: Bons Objetos

O bebê, por natureza, é egocêntrico, mas, à medida que se desenvolve, vai percebendo os outros com suas virtudes e defeitos. Mas é preciso educá-lo neste sentido. Portanto, os pais não podem viver só e exclusivamente em função dos filhos, bem como não devem abandoná-los à própria sorte. Esta relativização é importante para que a criança aprenda a lidar com os limites e frustrações que a vida lhe proporciona, principalmente nas situações de risco da vida atual.

O determinismo biológico (*instinto*) favorece a sobrevivência dos indivíduos e da espécie humana. A agressividade é usada como defesa existencial. A repressão moderada é necessária para que exista vida psíquica, regulando a intensidade dos impulsos. Segundo Freud, existe uma dualidade instintiva, em constante dinamismo, que pode ser resumida da seguinte forma:

Pulsão instintiva:

Energia Libidinosa (Força Vital, Instinto de Vida)
Busca e reage ao PRAZER (Paixão: AMOR)
Energia Agressiva (Força Destrutiva – Instinto de Morte)
Busca e reage ao DESPRAZER (Paixão: ÓDIO)

TESE:
Instinto de Vida: Busca a GRATIFICAÇÃO (PRAZER)

Busca Ligação, União, Organização, Integração, Desenvolvimento
Manutenção, aperfeiçoamento e evolução da vida no mundo.

ANTÍTESE:
Instinto de Morte (ou MODERADOR): Reação à DOR (DESPRAZER)

Busca Desligamento, Separação, Desorganização, Desintegração, Imobilismo
(como reação defensiva à frustração e à dor psíquica)

Instinto de Vida (+) corresponde biologicamente ao ANABOLISMO e mentalmente à SÍNTESE

Instinto de Morte (-) corresponde biologicamente ao CATABOLISMO e mentalmente à ANÁLISE

Instinto de Vida (+) Busca a multiplicação, a soma, a organização e a integração: favorece o *desenvolvimento* e a *evolução*

Instinto de Morte (-) Busca a divisão, a subtração. É o moderador da intensidade da força vital:

- desliga para favorecer o *rompimento da simbiose*
- separa para favorecer a *individuação*
- desorganiza para organizar *novas estruturas*
- desintegra para permitir a integração da *identidade*

Quanto mais jovem: MAIS IMATURO E PRIMITIVO

- Vivências e experiências mais ABSOLUTAS;
- Busca impulsiva da satisfação imediata das necessidades básicas (Lei do Tudo ou Nada);
- Busca do Prazer Imediato (Domínio do *Princípio do Prazer* segundo Freud);
- Predomínio da Autorreferência, Narcisismo Primário, Egocentrismo, "Complexo de Deus";
- A LIBIDO, quando absoluta e narcísica, está a serviço do próprio bem-estar (PAIXÃO), da Autossatisfação, sem levar em conta a existência do Outro – busca somente a *sobrevivência* e o *aperfeiçoamento próprios*.

Quanto mais evoluído: MAIS MADURO

- Vivências e experiências mais RELATIVAS
- O individuo leva mais em conta seus próprios recursos e a possibilidade real de satisfação de seus desejos, seu aperfeiçoamento e dedicação ao bem comum;
- Maior aceitação do Limite e de Tolerância à Frustração (Domínio do Princípio da Realidade segundo Freud);
- Parte da sua LIBIDO é direcionada para o bem-estar do outro (AMOR)
- Alterocentrismo, busca do bem comum e da complementaridade, vai além da sobrevivência e do aperfeiçoamento próprios e visa a sobrevivência e o aperfeiçoamento da espécie.

- Para conter seus desejos egocêntricos e narcísicos, o individuo utiliza a repressão, que é um mecanismo de defesa do Ego para manter-se integrado, evitando a fragmentação reativa à dor psíquica causada pelo desprazer e consequente frustração.

A repressão é o mecanismo moderador da intensidade do impulso vital

A repressão é necessária para que a mente se desenvolva. É preciso aprender a conter a intensidade apaixonada dos impulsos para evitar a fragmentação do Ego (o estilhaçar da própria identidade). A repressão é, portanto, um mecanismo normal e necessário, que regula e modera a intensidade do impulso vital desde o nascimento.

A sensação do "não ter" é o caos. É por isso que as crianças e os jovens imaturos são tão ávidos por receber gratificações imediatas e concretas. É preciso desenvolver a noção do valor abstrato, do Ser no lugar do Possuir. Quanto mais inseguro, mais o individuo necessita receber gratificações materiais. Quanto mais seguro, melhor suporta as frustrações e enfrenta as vicissitudes e os riscos da vida. A Espiritualidade pode favorecer o funcionamento dinâmico da mente, considerando que:

- Fé é a força interior vital recebida no momento da concepção, que impele o indivíduo para seu desenvolvimento e aperfeiçoamento;
- Esperança é a certeza de encontrar soluções para os problemas e frustrações, tendo por base experiências relacionais primitivas que, por sua adequação, permitiram a neutralização da angústia (introjeção de bons objetos) e, na atualidade, permitem amenizar a dor do não ter e não saber, desenvolvendo a tolerância e a capacidade de espera;
- Caridade é o Amor, que transforma a intensidade da paixão exigente em amor tolerante e compreensivo, desenvolvendo a capacidade de reparar os erros, de compartilhar a vida, de complementar sua própria vida com os valores relativos do

outro, de viver em equipe, de construir uma vida melhor para todos, de se sentir feliz com a alegria e a felicidade do outro, de ser solidário.

Concluindo: a melhor maneira de ensinar a criança a proteger-se contra as violências e riscos que a cercam no mundo atual, preparando-a para enfrentar a vida, é dando-lhe condições, através da educação e da presença amorosa, para um bom desenvolvimento egoico. Em outras palavras, é fazê-la aprender a usar adequadamente seus mecanismos de defesa frente à angústia, utilizando sua capacidade de perceber com clareza os fatos nas situações de perigo para refletir objetivamente, evitando reagir impulsivamente e de modo absoluto, procurando manter a calma e reprimir os impulsos agressivos diante das frustrações, aprendendo a moderar o impulso agressivo instintivo e a usar sua inteligência e sua criatividade para melhor lidar com as situações de risco, insatisfatórias e angustiantes.

Se a pessoa funciona apenas instintivamente, perde a capacidade de pensar e a possibilidade de buscar as alternativas que enriquecem sua vida mental e desenvolvem sua capacidade de utilizar os valores humanos universais e eternos, que não dependem do momento ou da moda, mas que consolidam sua moral e ética de *Homo Sapiens* (Homem Sábio). É sua condição de ser pensante, que reflete antes de decidir como agir diante da realidade dos fatos, assumindo a responsabilidade de sua decisão livremente escolhida, que caracteriza sua maturidade e capacidade de ser adulto, como no dizer de Saint-Exupéry: "Ser adulto é precisamente Ser Responsável"; é ter vergonha de uma realidade que não depende diretamente de si, mas para cuja modificação cada um pode contribuir com sua colaboração criativa. E essa deve ser a colaboração de cada um na manutenção da vida no mundo, no aperfeiçoamento e na evolução da espécie humana.

7

STRESS DA VIDA E DESTINO DA MENTE
(*Stress*, violência e educação)

Apresentado no simpósio internacional '*Stress* e violência na criança e no jovem', promovido pelo Departamento de Educação Médica da Faculdade de Medicina da Universidade de Lisboa, Portugal, 29 de setembro de 1995.

Como profissionais das áreas de saúde e educação, preocupados com a criança e o jovem, é mister que façamos, neste final de século, uma reflexão continuada e profunda sobre os objetivos da saúde mental e o destino da mente humana face às recentes modificações de costumes e dos princípios educacionais que estão ocorrendo no mundo todo de maneira cada vez mais intensa e veloz e qual deve ser nosso papel e intervenção neste processo.

O século XX, considerado "O Século da Criança" em função do interesse e da valorização desta faixa etária, determinou profundas modificações nos métodos educacionais utilizados ao longo do tempo.

Sabe-se historicamente que durante muitos séculos, na cultura patriarcal, a criança, a mulher e o escravo se equivaliam socialmente em uma mesma categoria de seres inferiores. Este preconceito prevaleceu durante muito tempo e somente no final do século XIX e início do século XX o quadro modificou-se a partir de várias circunstâncias, entre as quais a abolição da escravatura, a emancipação feminina e a valorização psicológica da criança, o que determinou uma grande revolução dos costumes e da própria estrutura social até então vigente.

A contribuição da psicanálise e o desenvolvimento da psicologia infantil favoreceram maior compreensão e valorização das primeiras etapas de vida, resultando no aparecimento de um nova especialidade: a Psiquiatria do Bebê. Este novo campo do saber humano, segundo alguns autores, pode ser considerado uma nova ciência, em função de sua convergência disciplinar, sua abrangência nas áreas da saúde e da psicopatologia, sua conexão com aspectos comunitários e sociais e sua especificidade na conduta terapêutica. A partir das idéias de Freud e do desenvolvimento da psicanálise, que proporcionaram maior compreensão da vida emocional do ser humano e de suas raízes na infância, várias foram as conquistas obtidas com o advento desta nova especialidade – principalmente em termos da teoria vincular e da interação familiar.

As pesquisas das relações primitivas do bebê com seus pais tiveram maior interesse e precisão graças ao aperfeiçoamento da tecnologia e o uso da análise cinematográfica e computadorizada na investigação. Nas últimas décadas, a observação direta da relação mãe-bebê, preconizada por Melanie Klein e aplicada em pesquisa pelos etologistas, tendo John Bowlby como um dos mais expressivos, favoreceu a comprovação científica de que não se pode pensar na criança sem sua profunda conexão com a figura feminina, sobretudo nos primeiros anos de vida, que são essenciais à estruturação da personalidade do ser humano. Entretanto, a mãe não existe isoladamente, pois vive em profundo envolvimento amoroso com seu companheiro, e seu comportamento emocional com a criança vai depender da sua relação afetivo-conjugal, o que resgata a importância do papel do pai na família e no processo de desenvolvimento e maturação emocional do indivíduo. Como consequência destes estudos mais recentes, passou-se a dar maior valor à boa relação vincular inicial pai-mãe-bebê, o que atualmente é um dos pontos essenciais do trabalho de prevenção primária em saúde mental, por ser a base da estruturação psíquica e relacional do ser humano.

O desenvolvimento da psicologia, da psicanálise, da psiquiatria da infância e adolescência e da abordagem sistêmica nas relações humanas permitiu maior atenção à saúde mental da criança e da família. Em todo o mundo, multiplicaram-se as instituições para atendimento específico de crianças com sérios distúrbios mentais e de comportamento, bem como as clínicas de desenvolvimento e orientação infantil em nível preventivo. Várias são as associações de profissionais da área médica e de áreas afins que se dedicam a estudo, pesquisa, atendimento e aperfeiçoamento do trabalho com crianças, adolescentes e família, realizando reuniões, encontros, simpósios, congressos, em âmbito nacional e internacional, para troca de idéias e experiências, tendo como consequência o progresso científico e a divulgação do conhecimento atual nestas áreas, com considerável aumento de publicações e de bibliografia especializada. Com o advento dos postos de saúde, houve melhora nos cuidados alimentares e higiênicos da população materno-infantíl, com amplos programas preventivos, incluindo os de vacinação em massa, tendo como consequência a redução e até mesmo a erradicação, em alguns países, de graves doenças infecto-contagiosas e parasitárias e a diminuição dos índices de mortalidade infantil. A utilização dos meios de comunicação tem favorecido programas de Educação Sanitária e Mental e tem crescido o número de profissionais com dedicação exclusiva à Saúde Pública e às novas especialidades da psiquiatria: a do bebê, a da criança, a do adolescente, a da família e a social.

Apesar de todo o progresso ocorrido em nível curativo, de atenção primária, tratamento e reabilitação, nota-se um grande aumento da incidência da doença mental no mundo. Existem atualmente milhões de crianças expostas à escalada de violência que ocorre em todos os países, desabrigadas, vivendo nas ruas, negligenciadas, sofrendo agressão física e mental, separadas de suas famílias por tragédias existenciais, sofrendo carências múltiplas, vítimas de políticas socioeconômicas e culturais perversas. É evidente o desequilíbro emocional manifesto de grandes massas populacionais submetidas à dolorosa experiência de duas grandes guerras mundiais e que atualmente, em diferentes países, continuam sofrendo as consequências de guerras intestinas. O rompimento de culturas tradicionais, o advento explosivo da liberação de costumes, e porque não dizer, o abuso e a libertinagem durante e no pós-guerra, bem como a "guerra urbana", o poder politicoeconômico e do tráfico de drogas, a prostituição infantil, o analfabetismo, a pobreza e a miséria têm favorecido a desagregação da família e a desorganização comunitária. A rapidez vertiginosa, "a jato", de mudanças estruturais da sociedade moderna "movida a botões", no dizer da Dra. Raquel Soifer, psicanalista argentina, além dos fatores citados e de muitos outros, têm submetido o ser humano a um bombardeio contínuo de estímulos e situações constantes de stress, que interferem em sua relação com o mundo e consigo mesmo.

Alguns autores atuais assumem uma posição pessimista, depressiva e até mesmo melancólica, afirmando que existe a tendência de a criança do próximo milênio ser psicótica em decorrência da falta de um continente familiar e social afetivamente estável que lhe propicie adequada estruturação mental. O desenvolvimento tecnológico e a educação pragmática de massa, sem afeto, são condições atuais que favorecem sérias perturbações psíquicas. Portanto, torna-se oportuno analisar um pouco mais as condições vivenciadas pelas crianças neste final de século, refletir sobre o que deveriam receber como processo educativo e o que é possível realizar para favorecer o processo de maturação e saúde mental do ser humano.

* * *

A família, a escola e a comunidade são responsáveis pela formação das crianças e dos jovens que, no futuro, serão responsáveis pela condução do destino da sociedade a que pertencem. Avaliando-se a tendência atual de globalização terrestre, o destino de nosso planeta está nas mãos dos jovens atuais, nossos filhos, que serão pais e responsáveis pela educação das futuras gerações. A preparação destas lideranças para o século XXI deve ter como base a educação e a saúde. Como a saúde depende da educação, pode-se então dizer que a transmissão de valores humanos adquiridos pela experiência vital do Homo Sapiens através dos tempos, pela tradição e pela aprendizagem, é o que deve ser transmitido à geração que sobe.

A matéria viva é excitável, recebe estímulos externos e internos e a eles reage, o que se acompanha de alterações corporais. Através da sensibilidade aos estímulos, da maturação neurológica e psicológica que se faz através da atividade motora e do contato com o mundo externo real, gradualmente vai havendo a estruturação do psiquismo e a possibilidade de comunicação pela linguagem verbal. De início, o sistema nervoso dispõe de mais fibras centrífugas do que centrípetas, e quer na vida intrauterina, quer após o nascimento, há uma busca atávica de vínculos e contato com o mundo externo, podendo haver registro favorável destas experiências desde que não sejam excessivamente traumáticas. Assim, é muito importante, desde o início, um ambiente acolhedor afetivo, o qual é naturalmente exercido pela presença efetiva e amorosa dos pais.

O cérebro humano é particularmente sensível no período neonatal, e a mente humana, para desenvolver-se adequadamente, necessita de um referencial externo constante, que se constitua no "segundo útero protetor e alimentador", que intermedeia o contato do bebê com o mundo externo até este adquirir melhores condições para um contato direto menos traumático para o seu sensível mundo interno. A característica do ser humano é a sua capacidade de pensar, que é adquirida nos primeiros anos e ao longo da vida, de maneira lenta e gradual, através da experiência vital, dentro do ritmo de cada indivíduo, que, para isto, traz predisposições genéticas. O cérebro de um ser humano ao nascer pesa 340 gramas; aos 2 anos de idade pesa 1.150 gramas, na vida adulta pesa por volta de 1.400-1.500 gramas. Este grande aumento de peso nos dois primeiros anos de vida se faz fundamentalmente devido ao aumento das ramificações dendríticas da célula nervosa, que são muito importantes nas conexões associativas cerebrais e que se estabelecem por estimulação a partir da atividade motora do bebê em contato com o mundo externo. Daí se deduz a importância desse período inicial, até 2-3 anos de idade, que é também o período básico de formação da vida emocional e de relação, cuja perturbação pode determinar futuramente alterações patológicas na vida psíquica do indivíduo.

De início, o bebê está muito simbiótico, confundido com o corpo da mãe, no qual viveu durante os 9 meses de gestação. Para ele, os genitores se constituem em uma só unidade e geneticamente existe uma predisposição de identificação com aqueles que lhe deram origem. Assim, não tem percepção de sua própria identidade a não ser gradualmente, na medida em que vai experimentando ser separado do corpo da mãe, o que ocorre com o seu desenvolvimento e processo de maturação biopsicossocial. A mielinização do sistema nervoso, a coordenação visomotora, a satisfação de suas necessidades e os cuidados básicos que recebe, a diminuição de ansiedades no contato com o mundo externo através da presença metabolizadora, efetiva e afetiva dos pais, o domínio voluntário de seus movimentos são alguns dos fatores que contribuem para a percepção lenta e gradual de seu próprio Eu.

Na medida em que se percebe separado, individualizado, o bebê começa a discriminar os pais como individualidades distintas, o que também o ajuda a desenvolver sua própria identidade. Quando o bebê percebe que a mãe e o pai são pessoas diferentes dele, e não apenas objeto de uso e satisfação de suas necessidades, que não tem o poder de mantê-los permanentemente à sua disposição, começa a ter que lidar com seus limites e a elaborar a tristeza de não ser perfeito, completo, o que é muito importante para a saída do egocentrismo narcísico; essencial à abertura para o outro, o social, ao abandono de sua postura passiva para a busca ativa do contato, ao movimento voluntário de aproximação ou afastamento, à comunicação através da linguagem e ao desenvolvimento do processo simbólico, que é a base do pensamento, da ideação e da criatividade.

É só a partir da percepção de sua limitação que o ser humano desenvolve sua capacidade de modificar o que lhe é adverso no meio em que vive. Ao conhecer, apreender, o homem forma conceitos que permitem o desenvolvimento do processo simbólico do pensamento e, através da reflexão sobre sua própria experiência e o seu existir, desenvolve sua capacidade perceptiva a respeito de si mesmo, de sua singularidade, bem como do entorno ambiental que o cerca, e passa a dar um significado à natureza. Ao se comparar, sentir, tentar explicar os fenômenos da natureza com sua própria experiência e emoção, começa a organizar e a formar um juízo de valor, e, a partir da reflexão, da ideação, do processo simbólico do pensamento, vai decidir sua opção de ação. Estas são as características básicas das funções do Ego maduro, ou seja, discriminar a realidade, pensar sobre ela e, a partir de sua capacidade de antecipação, analisar os possíveis caminhos a escolher, até assumir, por opção e com responsabilidade, a ação a ser realizada, a qual anteriormente passou pelo processo de reflexão, decisão e planejamento, para culminar em sua execução. São estas funções que marcam a diferença do ser humano em relação a outras espécies animais. Então, o ser humano adulto e maduro tem como características fundamentais:

- *a consciência* de sua própria existência, de sua singularidade e autonomia;
- *a reflexão*, podendo pensar a realidade, diferente de seu desejo e de sua fantasia;
- *a liberdade* de poder modificar as exigências do meio, através de sua percepção e reflexão;
- *a capacidade decisória* da ação, dentro dos limites que a realidade impõe.

O processo de individuação e desenvolvimento da personalidade é longo e complexo, dadas as vicissitudes do processo evolutivo até a maturação do ser humano pensante, e implica a presença dos pais, responsáveis pela educação dos filhos que geraram até o momento em que cada um possa ser responsável por si mesmo e pelos seus atos. É através da educação que cada um sai de sua condição animal para atingir a condição de ser humano, de *Homo Sapiens*, aquele que pensa, que sabe, que tem sabedoria de viver, que observa e percebe o que acontece à sua volta – diferente de seu desejo e de sua fantasia –, que reflete sobre a realidade, cotejando-a com sua experiência de vida e a de outros, e, a partir desta capacidade de refletir e antever as consequências de seus atos, tem a liberdade de optar, de modo responsável, por uma determinada ação que seja mais favorável aos seus desejos e que o gratifique dentro de suas possibilidades reais limitantes.

O processo de individuação dá a cada um a noção do próprio limite, e a maturação, obtida através da educação prepara o ser humano para a vida social futura, de modo responsável e criativo, no interesse do bem comum e da evolução da espécie humana. Como a educação é um processo longo, exige por muito tempo a presença dos pais. Esta é uma das razões da manutenção da família monogâmica, como defesa da própria sociedade no sentido de propiciar aos seus cidadãos a oportunidade de completar adequadamente o seu processo de maturação, que se faz através de diferentes fases de desenvolvimento.

Segundo a Dra. Raquel Soifer, educar é "ensinar o cuidado com a vida". Isto é muito importante e profundo: preservar a vida no mundo, gerando um filho biologicamente, cuidando de sua sobrevivência, mas, ao mesmo tempo, dando-lhe condições para que se torne um ser humano responsável e criativo, contribuindo assim para a evolução da espécie. Toda energia vital, inicialmente voltada egocentricamente para a sobrevivência e a satisfação pessoal, vai, através da experiência relacional e da educação, se direcionando gradualmente para o outro, para o desejo de amar e ser amado, para a vida social criativa no interesse do bem comum. A educação é arte e mistério, função primordial da família e se realiza através do ensino e da aprendizagem que se adquire desde a vida intrauterina, se desenvolve e evolui no convívio familiar, se complementa e enriquece na escola e na comunidade, tendo o Estado como responsável, protetor e provedor de recursos para esta maturação.

Este processo se desenvolve através de crises normais de crescimento e estruturação, pela educação que o indivíduo recebe da família, da escola e da comunidade. Existem crises normais e patológicas. A crise se articula em vários tempos: o biológico, o psicológico e o sociocultural. A combinação destes três tempos é que dá a perspectiva do processo educativo, partindo da interpretação dos dados da realidade, julgados de acordo com um referencial científico integrado.

A educação abrange um processo sistematizado, dado pela escola, e uma escala de valores, transmitida fundamentalmente pela família, referendada ou não pela escola e pela comunidade. A *Escala de Valores* pode variar segundo a cultura vigente, que cria e estabelece diferentes valores, símbolos e linguagem, com significância específica a uma determinada época. "Os valores atuais de nossa cultura seguem as regras práticas do bem viver da classe dominante" (Marilena Chauí). Porém, existem certos valores básicos que são universais, essenciais à vida comunitária, e que se encontram como anseio e meta, talvez utópica, em todas as civilizações: a busca de compartilhar a vida dentro de uma realidade mais justa, mais fraterna, mais democrática, mais solidária, mais humana.

A família, a escola e a sociedade vivem na atualidade um momento crítico, que pode evoluir para o crescimento e evolução da espécie humana, ou para um considerável aumento da patologia mental. Isto vai depender do grau de *resiliência* das novas gerações, ou seja, da capacidade de resistir aos impactos do mundo moderno, do bombardeio de estímulos traumatizantes que assolam suas vidas, dos desencontros vinculares, da solidão, das carências afetivas, da violência a que estão submetidas emocionalmente e apesar disto conservarem suas mentes criativas, produtivas e esperançosas.

A FAMÍLIA

O questionamento que se faz é sobre os valores que a família atual está transmitindo às novas gerações. Busca-se mais a sobrevivência, a qualquer preço, em lugar de se buscar um sentido para a vida. O que vale é a lei do mais esperto, do mais forte, do mais dissimulado, do especulador, do que ilude mais. O propósito imediatista é o de viver para consumir, dentro de *Princípio do Prazer Absoluto*. A propaganda estimula o consumismo e a política do descartável, em todos os níveis sociais, em cujas malhas as famílias se enredam. Existem pais que, por diversas razões, se ausentam precocemente do contato com os filhos, causando-lhes sérios prejuízos emocionais. Muitas pessoas, por necessidade de sobrevivência básica, se afastam da vida familiar para trabalhar, em busca de recursos de manutenção e também de realização pessoal e social. Resta saber até onde vai a ambição de cada um, que pode ser desmedida, de busca do prazer imediato materialmente representado pelo desejo de posse egoísta, pragmático e consumista. Isto pode ser devido a uma voracidade genética, constitucional, herdada, e/ ou a vivências precoces de angústia, de falta de atendimento afetivo adequado às necessidades básicas do indivíduo, determinando uma sensação de vazio interno, que fica registrada como experiência inicial relacional ("falta básica", segundo Balint). Como consequência, há uma busca incessante de preenchimento deste vazio, que leva o indivíduo ao desespero voraz de incorporar objetos e bens materiais, muitas vezes sem possibilidade real de usufruir do adquirido.

A sociedade atual, capitalista e neoliberal, favorece a voracidade possessiva quantitativa em detrimento da busca natural de melhoria da qualidade de vida, do prazer de existir, da alegria e da felicidade pela realização pessoal e pelo dom de si em benefício da coletividade.

A mulher moderna, por exigências sociais ou pessoais, está suprimindo de sua vida o chamado "período de resguardo", ou seja, o período puerperal, cujo nome por si só já evidencia ser o período da criança (*Puer*) e que é fundamental para o estabelecimento dos primeiros vínculos do bebê com o mundo externo através do corpo da mãe.

Comprova-se esta afirmação com o relato de dois casos de atendimento no consultório em que, por vaidade pessoal, preocupação primordial com o trabalho ou por razões emocionais profunda – e não por necessidade de sobrevivência econômica –, duas mães abandonaram precocemente seus filhos no período inicial de vida extrauterina. Uma delas, arquiteta, logo após o nascimento de seus filhos, voltou a trabalhar no escritório do marido, também arquiteto, deixando-os com menos de um mês de idade aos cuidados de um berçário. Por ocasião da consulta, em que o mais velho, com 2 anos, encaminhado pelo pediatra, apresentava sintomas psicossomáticos, e o mais novo ainda não tinha completado um mês de idade e já estava na iminência de ser entregue a um berçário, solicitou-se a marcação de uma entrevista com todos para conhecer as crianças e observar seu comportamento na interação familiar. Porém, embora houvesse a tentativa de oferecer um horário favorável, mesmo em final de semana, não foi possível marcá-la, pois os pais não tinham tempo disponível para vir junto com as crianças e também não tinham disponibilidade para uma observação domiciliar em conjunto. Em outro caso, de uma menina de 10 anos com grave problema de comunicação social, observou-se na anamnese um abandono precoce no quinto dia de vida, pois a mãe, dentista de profissão, recomeçou nesse prazo seu trabalho, das 8 horas da manhã às 8 horas da noite, sem retornar ao domicílio neste período, fato do qual se vangloriava por ter tido condições de trabalhar em pleno período puerperal

A saída da mulher do lar pela necessidade de trabalho externo, para auxiliar a economia doméstica ou em busca de sua realização pessoal e profissional, a conduziu a acumular dupla jornada de trabalho, dentro e fora de casa, reduzindo sua disponibilidade espacial, temporal e afetiva para a criação e a educação de seus filhos. Ao sair, deixou um vácuo em seu lugar, que, na melhor das hipóteses, é ocupado pelo pai e/ ou familiares, mas mais frequentemente é ocupado por babás eletrônicas ou empregadas – muitas vezes com sérios problemas intelectuais, de caráter ou emocionais, com reduzida sensibilidade afetiva e capacidade de acolhimento – e/ ou por berçários e creches, com alta rotatividade de funcionários, determinando ausência de referencial estável afetivamente disponível e próximo da criança, o que é essencial para o seu bom desenvolvimento.

A falta de equilíbrio emocional e afetivo dos pais, assoberbados com o trabalho e as responsabilidades quotidianas, submetidos à sociedade de consumo, não oferece aos filhos modelos adequados de identificação, impedindo a estabilidade necessária ao bom desenvolvimento e à maturação de suas personalidades. Levando em conta o considerável aumento da gravidez na adolescência, devido ao relacionamento sexual precoce estimulado pela liberalização dos costumes, questiona-se até que ponto estes jovens, que ainda não estão prontos para a vida e muitas vezes ainda não conseguiram definir a própria identidade, podem servir de modelo de identificação e têm maturidade suficiente para assumir a responsabilidade de educar.

Outro ponto a ser considerado é a evidência do aumento de famílias sem a presença paterna, em que a mulher é o esteio familiar, como ficou demonstrado no último Censo no Brasil e que é um fato comum na América Latina, exigindo-lhe um duplo papel, limitando sua disponibilidade no lar, além de não permitir uma adequada discriminação entre os sexos. Existem várias famílias de baixa renda, com várias crianças filhas de pais diferentes e ausentes, nas quais a mãe assume a sustentação familiar, trabalhando o dia todo, deixando os filhos trancados em casa, na vizinhança ou na rua. O abandono, porém, não é apanágio das classes menos favorecidas! Os pais da classe média, e mesmo os executivos, empresários e profissionais liberais de classe alta, têm contato muito precário com os filhos. Em pesquisa feita em um dos melhores colégios de São Paulo, perguntou-se aos alunos de todas as classes – desde o jardim até o colegial – o que gostariam que se dissesse aos pais em uma palestra comemorativa do Dia dos Pais. A resposta foi unânime: mais presença e mais diálogo, pois os pais "nunca têm tempo ou estão muito cansados", e os filhos sentem-se sempre muito sozinhos.

Por culpa, os pais ausentes do dia a dia dos filhos tentam compensar a pouca presença através do excesso de gratificação com bens materiais. A crença errônea de que a criança se desenvolve sozinha, bastando para isto alimentá-la bem, leva muitos a exagerar no fornecimento de alimentos, o que tem favorecido a obesidade precoce. O excesso de gratificação ou o excesso de privação são prejudiciais ao adequado desenvolvimento da personalidade, que necessita ser gradualmente preparada para suportar as frustrações naturais da vida.

Em função da rapidez das transformações sociais e da aceleração da vida moderna, não se respeita o ritmo do desenvolvimento peculiar a cada criança, buscando-se acelerar seu processo de aprendizagem e maturação, acarretando sérias perturbações ao seu psiquismo. O mundo atual está cheio de pequenos executivos com a agenda diária repleta, conduzidos por mães e pais apressados, cuja glória é exibir os rebentos precoces a uma sociedade que subverteu os valores, aplaudindo o sucesso em detrimento dos valores pessoais. O exibicionismo prepondera e é estimulado e exaltado pela mídia. Existem pais que usam seus filhos para realizar precocemente proezas que eles nunca conseguiram executar, para se glorificar através dos filhos, expondo-os muitas vezes a riscos de vida ou a sérios comprometimentos físicos ou mentais.

É fato preocupante o aumento da taxa de suicídios e homicídios entre jovens de idade cada vez mais precoce, já existindo casos de crianças com 6–7 anos de idade que atentam diretamente contra a vida. Tentativas indiretas autodestrutivas também se fazem através de múltiplos acidentes, quedas, ingestão "acidental" de substâncias tóxicas. é ainda significativo o aumento de acidentes de carro e de uso de drogas entre os jovens. Como exemplo, o caso de um rapaz que no dia em que foi comemorar sua aprovação na universidade jogou o carro contra um poste, com morte imediata; ou o da jovem aprovada em primeiro lugar em um concurso bancário muito difícil, com muitos candidatos e que também se acidentou e morreu no dia em que recebeu o resultado. Ambos tinham história de abandono precoce. São pessoas que inconscientemente, por culpa, não se permitem usufruir do próprio sucesso. São situações determinadas por complexos comprometimentos mentais, conflitos inconscientes profundos. A criança abandonada tem intensos sentimentos hostis e, por amor aos pais e por sentimentos de culpa, volta a agressividade contra si mesma. Por sentir-se extremamente má, vive a ambivalência de sentimentos de ódio e amor, não sabendo ou não tendo recursos para lidar com seus impulsos mais primitivos, instintivos, o que determina alto grau de ansiedade e, inconscientemente, ela tende à autoagressão.

Muitos pais não percebem que a criança precisa aprender com eles como viver, como cuidar do corpo, como estabelecer relações familiares e sociais, como brincar e realizar atividades produtivas e recreativas, que são precursoras da atividade laboral, como lidar com amor, ódio, inveja, ciúme, competição em suas relações sentimentais, de modo a adquirir uma sólida capacidade de vinculação afetiva que lhe permita, no futuro, a consolidação amorosa de uma família e sua realização como pessoa e como ser social. Os modelos de identidade oferecidos por alguns pais estão muito longe de satisfazer às necessidades de desenvolvimento e maturação dos filhos. Muitos pais simplesmente repetem modelos recebidos de seus pais, sem levar em conta as mudanças ocorridas na sociedade, ou, então, de forma reativa, adotam modelos diametralmente opostos com o pretexto de serem "modernos".

O que até agora foi descrito se refere à família de modo geral, sem levar em conta as situações específicas das crises familiares. Toda crise familiar, como as crises de desenvolvimento, favorecem mudanças para melhor, evolutivas, ou para pior, desagregantes. Existem famílias estanques, que resistem intensamente a qualquer mudança. São as compartimentalistas, também chamadas esquizoides, que funcionam defensivamente de modo primitivo e estereotipado e não permitem evolução. Existem outras, simbióticas, que funcionam na base de vasos comunicantes, onde não há discriminação das pessoas e todos se metem na vida de todos, não permitindo individuação e maturação. O importante é que as famílias tenham flexibilidade suficiente para tolerar bem as mudanças, sem abrir mão da transmissão dos valores básicos humanos às novas gerações.

Existem crises familiares normais, próprias do crescimento e do desenvolvimento familiar, que podem ser cíclicas, como o inicio da vida conjugal pelo casamento e a convivência matrimonial, a vinda do primeiro filho ou de cada novo membro da família, o desmame e o início do processo de dessimbiotização, a entrada de cada filho na escola, a puberdade e a adolescência, a escolha da profissão e a entrada na universidade, os vínculos afetivos exogâmicos, a independência e a autonomia de cada um pelo trabalho e/ ou pelo casamento, enfim, todo processo de separação e individuação exigindo sucessivas elaborações e reelaborações de vários lutos ou perdas atuais ou anteriores.. Existem também mudanças não cíclicas, que podem ou não ser traumáticas aos pais e aos filhos, como fragmentações da família por separações temporárias ou permanentes, divórcios, adoções, constituição de novas famílias com inserção de novos membros etc., ou por outras mudanças, como de residência, de cidade, estado ou país (imigração ou emigração), de emprego, doenças graves ou morte de algum familiar etc.

Toda crise familiar resulta em crise de identidade do grupo familiar e de cada um dos seus componentes e sua resolução vai depender do grau de maturidade de cada membro em termos de aceitação do relativo, de mudança, de flexibilidade, de aprender novas maneiras de viver. As crises que determinam alteração da identidade familiar acarretam várias mudanças, modificando as regras estabelecidas, reatualizando antigos problemas familiares que não tiveram boa elaboração, revelando equilíbrios precários, levando à reedição de lutos antigos pelo luto atual, mobilizando sensações de perda de uma habitual e antiga maneira de viver e despertando emoções e angústias, exigindo reformulação no modo de encarar a vida. O importante é saber lidar emocionalmente com estas situações, que até podem favorecer elaborações de conflitos antigos, com a aceitação da perda do conhecido e busca de novas soluções, permitindo a renovação dentro de nova perspectiva de vida e determinando evolução, de acordo com as condições de desenvolvimento e maturação egoica de cada um de seus membros – e principalmente dos pais, que são os modelos naturais de identificação.

Como já foi dito, a função da família é o *ensino e a aprendizagem*. Para a transmissão do ensino, há uma exigência de certa dose de regressão parcial emocional daqueles que ensinam para o nível do que aprende, de modo a compreendê-lo e dialogar com ele, e com posterior resgate da identidade e autonomia de adulto, para não haver confusão simbiótica e favorecer a discriminação da realidade de cada um (*noção de limite*). Para isto ocorrer na família, é essencial a presença física e afetiva dos pais, pois o afeto e o acolhimento são fundamentais para que ocorra a aprendizagem. Além disto, ninguém pode aprender se não aceitar o não saber, ou seja, o próprio limite. A vivência intrauterina e a proteção intensa dos pais no início da vida dão ao bebê a ilusão de poder tudo, saber tudo, estar em todo lugar, que são atributos de Deus, e alimentam a onipotência, a onisciência e a onipresença, ou seja, o *Narcisismo Primário*. O processo evolutivo, biológico, emocional e social, favorece a percepção do limite, como foi exposto, e permite o contato com a finitude do ser humano. Na medida em que cada um aprende a lidar com sua própria limitação e a que a vida lhe impõe, com seus conflitos e emoções, passa a ter consideração pelos valores e limites do outro, pode conhecer e aprender com a experiência do outro, passa a ser mais tolerante com os limites próprios e do outro, pode estabelecer as bases para uma relação complementar amorosa, afetivo-conjugal, matrimonial-familiar e também de vida laboral, de equipe, comunitária e social, em que cada um dá o melhor de si e a somatória dos valores relativos contribui para a riqueza do grupo, visando o bem comum, o que é fundamental para a vida comunitária.

A ESCOLA

A colocação básica a ser feita é destacar a função complementar da escola na formação do indivíduo – sem perder de vista que a função de educar é primordialmente dos pais, que são os responsáveis diretos pela geração dos filhos. Existem escolas que se distanciam dos pais e não permitem que eles acompanhem de perto a aprendizagem dos filhos, usurpando-lhes esta função. E existem pais que literalmente "depositam" os filhos nas escolas para que os professores cumpram na totalidade a função de educar, cobrando energicamente resultados, tanto da escola como dos filhos. Muitos "não têm tempo" e nem sequer comparecem a reuniões e entrevistas solicitadas pela escola.

As famílias atuais cobram muito dos filhos pelo desejo de que eles realizem aquilo que não conseguiram conquistar. O investimento no aproveitamento escolar é a grande aspiração das famílias brasileiras, conforme evidenciou uma recente pesquisa. Em função disto, exigem excelência dos filhos e das instituições escolares. Apresentou-se em consulta um menino de 7 anos, irrequieto, hiperativo, que estava criando problemas na escola, porque só queria brincar o tempo todo. Analisando sua vida, verificou-se que o mesmo tinha uma agenda diária de pequeno executivo repleta de atividades complementares: aulas de japonês, inglês, francês, judô, taikendô, natação, piano, basquete, computação... sem nenhum tempo ou espaço disponível para brincar. Assim, ele usava o espaço da escola para descarregar suas tensões e angústias por via motora.

A atividade lúdica é muito importante para a criança, pois através dela expressa e elabora seus conflitos e situações emocionais traumáticas. Através do brinquedo, que é o precursor do trabalho, dramatiza e revivencia emoções, aprendendo a lidar com seus sentimentos de amor e ódio. Daí o prazer que a criança sente ao brincar.

A integração família-escola é fundamental para que haja aprendizagem. É evidente que a escola, como instituição, tem a responsabilidade de transmitir valores educacionais a seus alunos em estreita conexão com os pais e responsáveis, conhecendo suas expectativas e valores para bem exercer sua função complementar. Esse diálogo é fundamental. As Associações de Pais e Mestres permitem maior diálogo, compreensão, participação e até mesmo esclarecimento e aprendizagem, tanto dos pais como dos professores sobre as reais possibilidades do aluno. Os recursos de que dispõe a instituição, não somente materiais e de instalações, mas também em sua estrutura pedagógica e docente, tem importância capital neste diálogo e no cumprimento de seus propósitos educacionais.

Sabemos que atualmente há uma grande crise no sistema educacional, tanto público quanto privado. Há inadequação do currículo escolar e do sistema de ensino, que padronizam conteúdos muito distantes da realidade e do interesse do aluno, o que leva a aulas enfadonhas e estudo de memorização mecânica para tirar boas notas e passar de ano, em detrimento da capacidade de pensar criativamente. Existe excesso de preocupação com o conteúdo e com o cumprimento do programa, havendo massificação do ensino, sem levar em conta a especificidade de cada aluno em termos de ritmo, habilidade reflexiva, capacidade intelectual, de memória imediata ou de retenção dos conteúdos.

O sistema disciplinar utiliza regras que enfatizam críticas e punições e quase não consideram o estímulo do elogio, que tem grande importância no desenvolvimento da autoestima e favorece a autoconfiança no processo de aprendizagem. Frequentemente, não se leva em conta a situação anterior do aluno nem as possíveis defasagens de que é portador, buscando acima de tudo o cumprimento do programa, sem considerar o que foi ou não assimilado realmente pelo aluno.

Algumas escolas favorecem o desenvolvimento da capacidade de pensar e estimulam a espontaneidade. Porém, a grande maioria segue esquemas rígidos e afasta do colégio os alunos que não acompanham a média da classe, ou, o que é um sério problema, nivelam por cima, tendo como parâmetro os melhores alunos da classe para manter o bom nome da escola. Isto é favorecido em certos países, como o Brasil, com grande população escolar e demanda maior do que a oferta de vagas. O afastamento por repetência fere a autoestima e leva à depressão e ao desânimo. Neste esquema, as crianças são superexigidas e acabam "não gostando de estudar" ou sentem-se fracassadas e passam a odiar a escola e o estudo.

Avoluma-se, cada vez mais, o número de crianças com dificuldades de aprendizagem, abarrotando os consultórios dos neurologistas e psiquiatras da infância e adolescência, dos psicólogos e psicopedagogos, sendo esta a queixa de maior incidência nos serviços especializados. Existe um sistema de seleção precoce, com exames de habilitação para o ingresso escolar já muito cedo, desde as classes de maternal – os chamados "vestibulinhos" –, que causam grande tensão familiar e na criança, constituindo-se em fator precoce de stress. A criança pequena, quando não aceita, sofre queda na autoestima, com sentimentos de insuficiência e inadequação, o que é muito traumático emocionalmente. O mesmo acontece com crianças maiores e adolescentes que estudam sob pressão da escola e dos pais e, embora inteligentes, apresentam bloqueios na aprendizagem e não conseguem aprender por motivação interna, inconsciente, mobilizando intenso sentimento de insuficiência, inadequação e culpa, sendo muitas vezes leva a autoataques que podem expressar-se através de somatizações ou acidentes esporádicos (microssuicídios), culminando por vezes em reais tentativas de suicídio que podem chegar ao êxito. É significativo o número de púberes que se suicidam no final do ano escolar, logo após a publicação das notas do colégio.

A Dra. Isabel Luzuriaga, psicanalista argentina, analisa, em seu livro A inteligência contra si mesmo, os mecanismos emocionais que atacam a capacidade de pensar e levam a criança a usar sua própria inteligência para bloquear a aprendizagem Há alguns anos se instituiu, nos centros maiores, as chamadas escolas-creches, que recebem crianças de idade abaixo de 2 anos, imaturas, que ainda necessitam de cuidados maternais e que sofrem, além da perda do referencial afetivo da mãe, a perda da estabilidade do referencial doméstico, fundamental para a sua segurança interna. Algumas escolas maternais iniciam muito cedo o processo de alfabetização, sem levar em conta a imaturidade emocional da criança e sem avaliar a sua prontidão para este tipo de aprendizagem.

Em um colégio jesuíta sediado em São Paulo, de alto padrão, um professor de Física, detestado pela maioria dos alunos, que tinham rendimento muito baixo nesta matéria, ao ser inquirido sobre seu método de ensino respondeu: "É como um computador, em que eu coloco a programação e depois cobro do aluno o que ficou registrado". Ao se argumentar que o ser humano não é uma máquina, ele contestou de forma rígida: "É, sim, e posso provar isto pela Física". Nesta afirmação percebe-se a mentalidade do professor, mais preocupado com o conteúdo do que com o ensino.

O processo de aprendizagem tem que fundamentar-se no desenvolvimento da capacidade de pensar. Não se pode fazer o cérebro, que tem limitações, abarcar todo o conhecimento do mundo. O computador é um grande auxiliar no armazenamento de conteúdos e dá as informações quando solicitado, liberando a mente de precisar decorar e gravar todo o saber humano que neste século XX se ampliou extraordinariamente. O importante é aprender a observar o que ocorre, pensar sobre o observado e, através de um processo de elaboração, buscar soluções e linhas de ação para os problemas que se apresentam, assumindo a responsabilidade da decisão assumida. "No momento em que decide o que fazer, livremente, sem coação, com os dados obtidos e através da capacidade associativa e reflexiva de sua mente, o indivíduo é responsável por sua ação".

O mundo atual se caracteriza pela precipitação no agir irresponsável, em que se atua de modo impulsivo, sem pensar, na busca do prazer imediato, em que só existe a satisfação egoísta, sem levar em conta o direito do outro. Há um bloqueio interno do Superego, que, por sua rigidez e absolutismo, fica intolerável e, por isso, tem que ser anulado, o que conduz à atuação psicopática. Uma das causas da violência no mundo atual é a falta de parâmetros morais, que deveriam ser transmitidos pela família no processo educacional e complementados pela escola e pela comunidade. As crianças que não pensam aprendem por simples imitação e copiam aquilo que as estimula. Como um grande contingente de crianças e jovens substitui os pais ausentes pela mídia e como os programas televisivos oferecem cenas agressivas e libidinosas em abundância, repetem, por identificação projetiva e introjetiva, aquilo que veem, sem que se processe a análise reflexiva e crítica.

Além da adequação do contexto escolar e de métodos e posturas pedagógicos, a formação e a personalidade do professor é outro fator a ser considerado. O mestre é um modelo substitutivo e complementar do modelo primário de identificação da criança exercido pelos pais. Portanto, sua personalidade, sua disposição afetiva, seu caráter, empatia, inteligência, equilíbrio emocional, imparcialidade e espírito de justiça, paciência e domínio do conhecimento são qualidades indispensáveis ao bom exercício de sua função, favorecendo a boa relação com os alunos. O aprendizado é catalisado e estimulado quando se realiza em clima afetivo, que permite a motivação e o prazer de aprender. Para educar bem, é importante que o educador tenha atingido o seu estado adulto, ou seja, um grau adequado de maturação afetiva.

O professor não pode nem deve fazer a criança entrar em suas relações libidinais de adulto, mantendo a devida adequação afetiva no trato com a criança, recebendo suas transferências idealizadas ou persecutórias sem envolvimento pessoal. Deve manter neutralidade e suficiente distância com a criança para que esta possa ter a liberdade de ser ela mesma, na autonomia de sua aprendizagem. Deve colocar-se no lugar da criança para compreendê-la, sem perder-se nela, mantendo a distância necessária para uma compreensão objetiva e mantendo o próprio domínio de sua condição de adulto.

Antes de pretender ensinar, o educador deve ser mestre de si mesmo, deve se conhecer. Se não tiver um modelo que lhe seja superior, que tenha superado sua própria infância afetiva, a criança não pode se construir. Portanto, o educador deve ter suficiente confiança em seu próprio valor para poder oferecê-lo à criança como modelo de identificação e ajudá-la a reconhecer, expressar e ter domínio de seus desejos, em lugar de usar o bloqueio da repressão. Para isto, deve receber formação adequada e aprender a vencer o receio da sua verdade profunda, oculta, camuflada, que obedece a motivações inconscientes.

A COMUNIDADE

Aprender é uma experiência cultural. Para Roger Bastide, "cultura é todo saber comunicável susceptível de esclarecer-nos sobre a inteligibilidade do objeto (ciência), a profundidade de nossas emoções (arte), e sobre as modalidades de nossa ação (técnica)". Já Ortega y Gasset, em *A missão da universidade*, afirma: "Cultura é um sistema vital das idéias de cada tempo, isto é, das idéias segundo as quais vive o homem no aqui e agora".

Educação implica *Formação*, que é uma vivência dentro da família e da comunidade, e *Informação*, que também é recebida dos pais e da comunidade. Existem "modas" de ensino, de acordo com as descobertas pedagógicas que passam a dominar a metodologia das escolas e a preponderar nas condutas sociais vigentes em determinadas épocas.

Segundo Anna Freud, é importante discriminar a diferença existente entre assistência e educação. Assistência é o cuidado que se deve ter no atendimento das necessidades básicas da criança, que, nesta situação, assume um papel mais passivo, enquanto Educação implica atitude mais participativa da criança, de quem se espera algo em termos de elaboração e criatividade. Na educação, geralmente se luta com o modo primitivo de ser da criança, buscando ajudá-la a desenvolver, através da reflexão, maior capacidade adaptativa à realidade que a rodeia. Isto é feito respeitando as fases de seu desenvolvimento, utilizando a disciplina de acordo com o processo e o estabelecimento de sua maturidade.

A tendência natural da criança é agir com impetuosidade. Castigos e retirada de afeto levam a criança a renunciar à sua espontaneidade e a desenvolver, segundo Winnicott, um "Falso *Self*". O importante é levá-la a pensar, através da linguagem do sentimento, mobilizando-a emocional e afetivamente, e, através da reflexão, ajudá-la a controlar seus instintos básicos sexuais e agressivos, permitindo-lhe a construção de um "*Self* Verdadeiro".

Na vida comunitária atual, existe a prevalência do *Princípio do Prazer* (*Absoluto*) sobre o *Princípio da Realidade* (*Relativo*). Existe o culto do prazer prioritário, do descompromisso, do privado, tendo por base as tendências egocêntricas e narcísicas de personalidades imaturas e infantis, em detrimento dos valores sociais, éticos e morais da vida coletiva democraticamente compartilhada de forma justa e solidária, característica do Ego evoluído, maduro, adulto e responsável. A vida comunitária geralmente está voltada para o consumismo possessivo, em que ter é mais importante que ser, com predomínio de ansiedades paranoides, persecutórias, em que, narcisicamente, cada um é dono de sua verdade, levando à perda de credibilidade e confiabilidade.

Em lugar de se formar os jovens dentro de um *Sistema de Valores* baseado na vida compartilhada, com enriquecimento mútuo, se estimula a ganância, a valorização patrimonial em detrimento da qualidade de vida comunitária. Assim, não existe troca; predomina a competição selvagem. O indivíduo não pensa, é pensado. Se pensa e se decide por ele, que atua conduzido pelo modismo, manipulado pela propaganda direta e subliminar da mídia, sem noção do limite entre bem e mal, perdendo seu senso crítico e superegoico com predomínio de atuações psicopáticas.

A violência e a pornografia são veiculadas pela mídia de forma banal, deixando gradualmente de "chocar", e passa-se a acreditar que a estrutura social que aí está é normal. A exploração sexual e do trabalho infantil, que aumentam a cada dia, comprovam esta afirmação. Existe a imposição de uma determinada forma de pensar, que favorece o enriquecimento de alguns em detrimento da coletividade e do aperfeiçoamento do ser humano. Tudo o que se produz é para consumo imediato da massa, *prêt-à-porter*, sem pensar no bem-estar coletivo ou na realização humana. O interesse maior é receber tudo pronto, sem esforço, o que estimula a possessividade e a dependência, com perda da criatividade e do interesse de realizar algo genuíno, de dar algo de si mesmo, o que é fundamental para o desenvolvimento da autoestima, do amor-próprio, para a definição da identidade e da autonomia, para o sentir-se capaz de ter reconhecido o seu valor pela comunidade e para encontrar motivação para a vida.

A interpretação inadequada dos preceitos psicanalíticos de liberação da sexualidade, da energia vital recalcada pelo excesso de repressão – mas que necessita ter o controle do limite na nossa capacidade de pensar e na liberdade de decidir para resultar em algo criativo –, levou à liberação desenfreada dos instintos básicos, com aumento do erotismo, baseado no *Princípio do Prazer absoluto* e permanente, como na vivência incestuosa intrauterina, sem limites, e na exacerbação da agressividade e da violência como defesa primária diante de qualquer frustração que obrigue à percepção da limitação humana. Perdeu-se a noção da diferença que existe entre *Liberdade*, que é sempre relativa, adaptativa, racional e vinculada a uma opção, da *Liberalidade*, que é instintiva, primitiva, atuadora e não leva em conta os dados da realidade limitante. Isto tem favorecido a prática do descartável, em que não há futuro, em que tudo o que se deseja pode ser obtido magicamente, imediatamente, sem necessidade de espera. A drogadição entra neste esquema da busca imediata de satisfação em que só existe o presente.

O ser humano é um animal gregário, que tem necessidade premente de viver em comunicação com seus semelhantes. Isto só é possível através da vida comunitária. Os grandes centros populacionais, com a diversidade e a multiplicidade de pessoas concentradas em determinadas áreas, tem dificultado um maior intercâmbio comunitário. As pessoas se agrupam de acordo com seus interesses profissionais, religiosos, culturais. Porém, as dificuldades de encontro devido às grandes distâncias a serem percorridas e à pouca disponibilidade de tempo para o lazer do encontro com o outro – bem como a absorção individualista da mídia, que leva a pessoa a permanecer encerrada entre quatro paredes, muitas vezes em seu próprio quarto, usando a "telinha", as revista e jornais como única janela para o mundo, que gradualmente vai se tornando virtual –, tudo isto tem favorecido o enquistamento e o recolhimento regressivo da afetividade e diminuído a possibilidade de vida comunitária até mesmo dentro da família.

O isolamento e o egocentrismo está sendo uma das características do homem atual, que vive em um mundo "movido a botões" e com seus próprios botões narcísicos. O quê se pode esperar do destino da mente humana diante desta situação?

A PREVENÇÃO

A estrutura social tem três instrumentos de ação:

1. *repressão*, que deve ocorrer dentro dos limites legais;
2. *fiscalização*, que deve ser executada de acordo com a lei;
3. *prevenção*, que também tem um tríplice aspecto:
   primária, que busca evitar a ocorrência dos problemas (ou doenças);
   secundária, que tem por objetivo o tratamento dos problemas (ou doenças);
   terciária, que desenvolve um trabalho de reabilitação das sequelas causadas pelos problemas (ou doenças).

Para a prevenção, é fundamental a organização da Comunidade e da Família. Assim, é nestes dois níveis que se implantam as bases para a saúde mental e é onde o nosso trabalho deve ser realizado, favorecendo a organização, o desenvolvimento, a maturação e a valorização do ser humano através do resgate da *Escala de Valores Hu-*

manos, dentro de princípios éticos, buscando em primeira instância a *Valorização da Vida*.

O trabalho fundamental deve ser feito dentro da família, com os pais e com os jovens, que serão em breve futuros pais, favorecendo seu entendimento sobre o papel do homem e da mulher no processo de identificação do masculino e do feminino na pessoa, e de sua complementaridade dentro da família, permitindo a aceitação do limite que o gênero impõe, o que é essencial para o desenvolvimento e a maturação do ser humano.

É na família que se aprende a compartilhar, a respeitar os limites, a viver em equipe, de modo comunitário, a estabelecer vínculos e a suportar perdas. É onde se aprende a lidar com os sentimentos de amor, ódio, inveja, ciúme, egoísmo, altruísmo, companheirismo, fidelidade, respeito, amizade e solidariedade. Tudo isto se consegue pelo exemplo de convívio e através da educação que é complementada pela escola e pela comunidade.

A prevenção da doença mental se faz precocemente, a partir da educação dos futuros pais, realizada pelos avós, bisavós, tataravós, ou seja, através de várias gerações. Na prática clínica, deve ser realizada com o bebê, a criança, o jovem e a família, tendo como base a observação e a intervenção na interação pai-mãe-filho, dentro da família, quando as relações vinculares não estão adequadamente estabelecidas.

Além disso, um trabalho educativo e formativo deve ser realizado com os profissionais das áreas de saúde e educação, que têm estas pessoas sob seus cuidados. É muito importante que este trabalho não seja feito de forma simplesmente informativa do conhecimento, apresentado de maneira impositiva, favorecendo a passividade da escuta, mas, sim, de modo participativo, fundamentado na comunicação cultural. O transmissor do conhecimento não deve sentir-se "dono da verdade"; deve procurar escutar e perceber o que não sabe e, através de um real processo dialético, permitir o surgimento da verdade, no qual tanto o que ensina quanto o que aprende se beneficiam. A formação de agentes preventivos multiplicadores é fundamental, estimulando a comunidade e a família a assumir seu papel com ações efetivas, que levem em conta a realidade socioeconômica, política e cultural na qual vive a população-alvo.

O trabalho preventivo tem caráter de universalidade, abrangendo várias áreas do conhecimento e de vivências humanas. Assim, a interdisciplinaridade é uma de suas características e resulta em projetos de trabalho multiprofissional, envolvendo pediatras, psiquiatras, psicanalistas, psicólogos, pedagogos, assistentes sociais, enfermeiros, nutricionistas, professores, enfim, os profissionais que lidam com a criança e a família.

Na ausência de um processo integrativo e de diálogo interdisciplinar, que deveria ser cumprido pelas universidades, de acordo com seu caráter de universalidade, unidade e vida comunitária, as organizações associativas e instituições são de grande valia no sentido de propiciar maior intercâmbio, apoiando e estimulando o trabalho multiprofissional, porém, sem restringir-se aos aspectos puramente científicos do trabalho, mas estando abertas para outras dimensões, fiscalizando e orientando o uso de princípios éticos no trato do ser humano e favorecendo a vida comunitária.

A meta principal é utilizar a pesquisa, o ensino e a assistência, observando o que acontece, refletindo sobre esta realidade e delineando projetos de ação, de modo responsável, no sentido de construir melhores condições de vida que estimulem a vida comunitária, o enriquecimento cultural e o progresso social, a fim de criar adequadas condições para o desenvolvimento, o aperfeiçoamento e a evolução da espécie humana. Só assim é possível a plena realização pessoal e comunitária para a qual provavelmente foi criado o ser humano.

Albert Einstein, em *Escritos da maturidade*, comenta os últimos tempos da primeira metade do século (1934-1950) e observa ter havido "uma mudança na abordagem emocional dos problemas gerais da vida. (...) Dava-se valor a tudo o que se gostaria de ver defendido a qualquer custo".

E quais seriam estes valores? São suas palavras: "Só quando a liberdade interna e externa são constante e conscienciosamente perseguidas há a possibilidade de desenvolvimento e aperfeiçoamento espiritual e, portanto, de aprimorar a vida externa e interna dos homens". Para isso, um dos fatores importantes é a *Educação*. Baseado em sua experiência pessoal acumulada como aluno e professor, ele afirma: "Quando uma pessoa domina os fundamentos da sua disciplina e aprendeu a pensar e a trabalhar independentemente, será mais capaz de se adaptar ao progresso e às mudanças do que outro que só teve aquisição de conhecimentos detalhados".

Como conclusão, é importante que se reflita: o que será da mente humana com o que está surgindo agora, com a ampliação do tecnicismo, com a realidade virtual, em que o bebê vai ver algo que não existe concretamente e não poderá desenvolver a experiência do real, que é básica para o desenvolvimento futuro do processo simbólico e da estruturação de seu aparelho de pensar?

8

VIOLÊNCIA E EDUCAÇÃO

Capítulo de ***Adolescência e violência. Consequências da realidade brasileira,*** de David Léo Levinsky *et al.* Artes Médicas, Porto Alegre, RS, 1997.

Como o tema violência é muito amplo e tem estreita correlação com a educação recebida pelo indivíduo, vou abordar mais o aspecto da educação, após breve consideração a respeito de violência.

No Congresso Internacional de Psiquiatria da Infância e da Adolescência realizado em São Francisco (julho 1994), foi lançado o livro da professora e psicanalista Colette Chiland e do professor Gerald Young sobre crianças e violência. Em um dos capítulos do livro, esses autores discutem até que ponto a sociedade atual cultiva a violência em crianças e que atitudes devemos tomar para tentar evitar que isto ocorra.

Eles partem do princípio de que a sociedade moderna ensina e induz as crianças a ser violentas. A violência do mundo atual causa profundo pessimismo nos seres humanos e até um certo ceticismo diante de propostas e soluções. Questionam se a violência é algo intrínseco ao indivíduo ou a manifestação de uma doença (causada por lesão cerebral, que deve ser tratada com medicamentos, ou por fatores genéticos ou por interferência ambiental) e analisam que as fontes de desenvolvimento da violência na conduta infantil estão vinculadas aos seguintes fatores:

- as crianças não sabem lidar com seus sentimentos agressivos, com a pulsão agressiva no seu sentido mais positivo – é importante que saibamos como manejar tais aspectos em função da possibilidade de usar de maneira alternativa a agressividade quando nos sentimos frustrados;

- crianças que tiveram pouca educação de suas emoções são incapazes de identificar seus conflitos;
- a educação insuficiente para conter comportamento agressivo de uma criança diante de frustração a conduz a adotar a agressividade como padrão de conduta;
- apesar da educação e mesmo das abordagens terapêuticas, a agressão violenta pode ser cronicamente estimulada por influências nocivas ambientais, como o abuso da criança, pobreza, uso de drogas etc.

Existe a violência da criança e do adolescente contra o meio ambiente, mas também da sociedade, da escola e da família contra a criança e o adolescente.

Vamos, portanto, salientar a importância da educação e das emoções como forma de diminuir a violência que existe no mundo atual.

O que é educar?

Para alguns, é o processo de construção do conhecimento real, por meio da apreensão dos fatos e do desenvolvimento crítico da curiosidade. Para outros, é uma arte, um mistério no qual o homem transforma, dá um significado à natureza. Ao se comunicar, através da linguagem, ao conhecer e aprender, forma conceitos que permitem a compreensão da sua própria experiência e, a partir dela, pode pensar e refletir sobre o seu existir.

A inteligência do ser humano é diferente daquela do animal. O ser humano tem algumas possibilidades essenciais:

- é sujeito, e não objeto do meio;
- tem a liberdade de dizer não à natureza e de modificá-la;
- ele se possui, tem consciência do seu próprio eu;
- pode se observar e observar o que ocorre à sua volta; é o ator e o espectador da sua própria vida, o que lhe dá a capacidade de reflexão, de pensar, de ser o homem que sabe, o *Homo Sapiens*.

Não se pode separar o aspecto intelectivo do afetivo. A aprendizagem faz-se mediante percepção, reflexão, elaboração e domínio das emoções. Ao se sentir, comparar, buscar explicações para os fenômenos da natureza e tentar verificar com a própria experiência anterior o que está ocorrendo no momento, a emoção irá favorecer a formação de conceitos que permitem a formação de um juízo de valor.

Quando se generaliza a experiência pessoal por comparação ou analogia, começa-se a desenvolver os conceitos. A correlação e a associação de vários conceitos levam à reflexão, à elaboração do pensamento, que culmina na opção e no planejamento da ação. Então, essa ação passa a ser uma ação responsável, porque houve decisão, opção pessoal. Deixa de ser simples atuação reflexa – isto é, a partir de uma necessidade, busca-se sua satisfação por meio de uma descarga reflexa do estado de tensão que se cria pela insatisfação do desejo.

Na medida em que podemos pensar ou refletir sobre o que sentimos, então podemos chegar a uma ação reflexiva, em que fazemos uma opção de ação. Assim, cada um passa a ser responsável por sua ação e pelas consequências delas. Em resumo, atinge-se o desenvolvimento das funções básicas do Ego. Estas funções básicas se desenvolvem ao longo da vida – pela própria experiência, de acordo com o ambiente em que cada um vive e com a intensidade que cada um traz de força de vida, de busca de união, de integração e de ligação, que herdamos geneticamente, e também do que trazemos como tendência à ruptura, de desligamento, de separação, de tendência desintegrativa, destrutiva, agressiva, de evitação de contato com a realidade. Isso eu classifico de "patrimônio genético", que cada um recebe, herda de seus pais e simbolicamente denomino de *carga positiva*, para a tendência à busca, à ligação, à união, com força integrativa e organizativa, e de *carga negativa*, para a tendência desintegrativa e desorganizativa – em termos psicanalíticos, *pulsão de vida* e *pulsão de morte*.

Além das pulsões, há variações culturais e pessoais que vão interferir na maneira de cada indivíduo lidar com a realidade. Assim, além da influência genética, o ambiente tem importância muito grande na aprendizagem de como lidar com essas pulsões primitivas e de como desenvolver o processo de controle sobre elas. No desenvolvimento deste processo de maturação, existem valores, símbolos, utilização da linguagem, que vão começar a dar significância específica a cada ato e a cada experiência vivenciada.

Atualmente, o que se observa em nossa cultura é uma perda do senso crítico. Estamos diante de uma crise de valores, em que perdemos a noção de limite entre o bem e o mal. São esses conceitos aprendidos que regem o nosso comportamento em âmbito social. Até onde predomina o interesse primário, a busca de satisfação de necessidades básicas esbarrando com o interesse e a necessidade do outro; até onde se busca a satisfação imediata do desejo, pela primazia do princípio do prazer absoluto, ou se busca ver o que a realidade objetiva oferece pela primazia do princípio da realidade.

O processo educativo é que dá os valores da cultura em que cada um vive e estabelece as normas de conduta básica, o que vai favorecer um processo adaptativo de cada um e leva a desenvolver a criatividade para transformar e modificar aquilo que não coincide com seus desejos e que é passível de modificação. A capacidade criativa que caracteriza a maturidade é o que busca cada nova geração, principalmente os jovens adolescentes, definindo seu papel dentro da sociedade, visando a contribuir para a melhoria, para o aperfeiçoamento e para o progresso de sua cultura. Este processo de transformação é básico na evolução da espécie humana.

No Brasil, temos alta população de jovens (com idade abaixo de 18 anos) e cada vez mais aumenta a dificuldade de adaptação à vida moderna, ou seja, há falta de preparo para enfrentar as dificuldades da vida. O que se observa em nossa cultura é que existem duas situações extremas na vivência destes jovens:

- *excesso de oferta*: para os 10% da população que têm condições de buscar e obter o que desejam por meio do consumismo, buscando mais ter (possuir) do que ser (existir) – há tendência muito grande à posse; o valor está naquilo que cada um possui, e não no que cada um oferece.
- *excesso de escassez*: para grande parte da população de jovens e crianças que não têm a mínima condição de manutenção e buscam a qualquer preço sua sobrevivência. Funcionam em nível primitivo, da busca de satisfação imediata dos desejos, e com isso aumentam a escalada da violência, agredindo para obter o que desejam. Devido à primazia do prazer imediato,

para eles não há preocupação de contribuir para a evolução da sociedade. Não conseguem passar do estágio egocêntrico, narcísico, em que o importante é existir, sobreviver a qualquer preço. Funcionam como o bebê, para quem, nos primeiros estágios da vida, o que interessa é a sobrevivência imediata, porque não tem recursos para sobreviver por si só. Esse bebê, na medida em que vivencia experiências mais gratificantes, começa a estabelecer boa relação com o mundo que o contém, e isso lhe dá condições para o desenvolvimento e o amadurecimento de seu Ego.

A meu ver, assim como temos biologicamente a placenta e o útero disponíveis dentro do ventre da mãe, dispomos socialmente de placenta e útero nos cuidados e aconchego da família. A placenta é feminina, e o útero, masculino. A placenta é que alimenta continuamente, a mãe que fornece os nutrientes. O pai é o protetor e tem papel similar ao do útero, isto é, faz o limite entre o mundo interno e o externo, protegendo a família e dando-lhe condições para a sobrevivência.

Em função do bombardeio de estímulos e do aumento da tecnologia – que favorece a satisfação imediata dos desejos em um mundo movido a botões e permite a realização mágica dos desejos –, estamos perdendo o senso crítico, a capacidade de pensar a realidade e nos mantemos em situação de passividade. O que importa é o que cada um recebe, o que possui, o que permite acesso imediato.

O homem está perdendo sua condição de homo sapiens. Em vez de pensar, é pensado, programado, conduzido a atuar, a consumir. Isto impede sua criatividade, sua capacidade de refletir, pensar, construir, transformar e evoluir. O excesso de mordomia, de receber tudo pronto, de consumismo acabou favorecendo o retrocesso a uma postura passiva, receptiva como a do bebê, em que somente se busca o ter e em que o outro tem que ser uma fonte permanente de satisfação.

Consequentemente, surgiu a prática corrente do descartável, do descompromisso, em que se usa para jogar fora; em que o outro não é uma pessoa, mas apenas objeto de uso, de satisfação. Procura-se descarregar tensões de qualquer maneira, sem haver responsabilidade na ação.

Atualmente se busca mais quantidade do que qualidade. Há o culto do prazer imediato e prioritário, com ausência de valores sociais.

Somos humanos porque temos a fantástica capacidade de antecipar as consequências dos nossos atos através da reflexão. Quando pensamos o que pode ocorrer, então, decidimos os caminhos que iremos percorrer.

Na situação atual de descompromisso, não pode haver futuro, respeito e consideração pelo outro. Não há interesse pela realização conjunta. Na vida em sociedade, é muito importante a relação vincular. A produtividade, o trabalho em equipe prima pela vinculação e o pertencer a um grupo que irá realizar algo. Sem vínculo não há criatividade.

Os profissionais que trabalham com crianças e adolescentes devem vê-los na ótica de sua imaturidade, como seres em evolução, como futuros seres humanos que nascem imaturos, dominados por necessidades básicas primitivas, impulsivas e que, por um processo de desenvolvimento, vão estruturando sua maneira peculiar de existir, pensar e agir, ou seja, vão estruturando o seu self, a sua personalidade. A cultura em que vivem e a educação têm uma interferência muito grande neste processo maturativo.

Para Raquel Soifer, a função da família é ensinar o cuidado e a manutenção da vida. Isso ocorre em vários níveis, desde os cuidados corporais, em que a mãe ensina a criança a respirar no momento da amamentação, a se locomover, a se alimentar etc., até o ensino das relações familiares, em que se elabora a inveja, o ciúme, o narcisismo, desenvolve-se o amor, o respeito, a solidariedade, que são basicamente aprendidos na família e depois se abrem para a comunidade, a sociedade.

A aprendizagem da atividade produtiva e recreativa é básica para o desenvolvimento do trabalho. Há pais que não brincam com as crianças e que nunca estão presentes. Fizemos um levantamento num colégio sobre o que as crianças gostariam que fosse falado com os pais. A queixa unânime das crianças e dos jovens foi a falta de diálogo, os pais ausentes. Para o bebê, não interessa a mãe lhe dar algumas horas de atenção e depois desaparecer, porque para ele é vital a presença dessa mãe, a qual depende da presença do pai. A relação do bebê é com a mãe, que por sua vez está vinculada ao pai. Se a mãe estiver feliz em sua relação conjugal, então ela se doará com alegria ao bebê. Se ela tiver a cobertura amorosa do pai, aceitará mais facilmente se desprender do filho e irá ajudar o bebê a romper sua simbiose com a ela (mãe) para começar a vincular-se ao pai e, por meio dele, com o mundo.

Dentro da proposta de Soifer, está o ensino das relações sociais, da inserção no trabalho, das relações sentimentais até onde os pais estão disponíveis para conversar com os filhos quando eles começam a buscar vinculações afetivas. Quando a criança quer o contato dos pais, eles estão ocupados, e a criança fica sozinha. Sob este aspecto, questionamos com quem fica a criança e percebemos que a família está delegando ou abrindo mão da sua função primordial, que é ensinar o filho a cuidar da vida. Os pais estão transferindo a educação para a escola, e a escola, inadvertidamente, está assumindo este papel. Os professores acham que podem substituir os pais e, quando encontram problemas, jogam para o terapeuta, o dentista, o pediatra, o psicólogo, para consertar o defeito da maquininha que não está funcionando bem. O que ocorre é que a criança passa a ser atendida em suas necessidades de sobrevivência mínima física, mas não sob os pontos de vista afetivo-emocional e intelectual.

O brincar e o estudar têm de ser prazerosos.

O estudo, atualmente, é uma coisa pesada, porque a preocupação é muito grande com o conteúdo e não se busca motivar o interesse, a curiosidade da criança em relação ao que será ensinado. Por isso, deixou de ser um prazer e passou a ser um fardo. Fica algo obrigatório, em que se tem que estudar, dizer, falar para tirar uma nota, para não ficar em recuperação, em lugar do enriquecimento e do prazer de aprender. O ensino, de forma geral, está sofrendo uma séria deterioração. Os professores preparam os alunos desde a 5ª série para o vestibular. A preocupação é com o conteúdo e com a matéria ministrada.

A preocupação seletiva nivela por cima, vencendo o padrão mais alto, e não de acordo com a possibilidade real de cada aluno.

Este é um problema muito sério, no qual a escola se transforma em uma instituição agressora e, como consequência, as crianças não gostam mais de estudar. Um jovem, de forma muito perspicaz, definiu a escola como um mar onde os professores navegam e os alunos boiam. A realidade é que as crianças são maltratadas desde que nascem, porque ou ficam em hoteizinhos para bebês, separadas o dia todo das mães, em creches, ou com empregadas domésticas ou babás sem qualificação e, atualmente, com TV, vídeos e computadores, como babás eletrônicas, que substituem os pais na educação dos filhos.

Esses são os modelos de identificação oferecidos para a juventude atual, constituindo uma violência à mente dos jovens. Como esta mente pode desenvolver todo um processo de construção, de elaboração, reflexão, construção simbólica se sofre a cada momento o impacto desta violência? As crianças assistem à televisão durante muitas horas por dia. Raquel Soifer escreveu um livro intitulado *A criança e a TV*, no qual afirma taxativamente que as crianças com menos de 5-6 anos não deveriam assistir à TV, porque estão em processo de desenvolvimento da sua capacidade associativa mental, o que fica prejudicado pela assistência à TV, a qual favorece a identificação projetiva maciça, levando o indivíduo a ser apenas um espectador da vida. Sabe-se da importância do ato motor no desenvolvimento dendrítico da célula nervosa, o que vai permitir posteriormente a riqueza dos processos associativos mentais.

A criança que fica várias horas diante de uma televisão não está se exercitando na experiência do contato real com o mundo. Ela vê um mundo fictício, imaginário. O que será da mente humana com o surgimento da realidade virtual? Provavelmente, o ser humano terá prejudicada sua capacidade de discriminação entre o que é real e o que não é real. O computador ressalta a lógica, o raciocínio matemático em âmbito mais concreto e superficial, desenvolve a rapidez e a superficialidade do pensamento, levando a um prejuízo na abstração, na sensibilidade, na ética. Isso impede a reflexão profunda, favorece a atuação em detrimento da ação reflexiva, da liberdade de escolha e da ação responsável.

Eugenio Provenzo, da Universidade de Educação de Miami, fez uma análise sobre os jogos eletrônicos e sua repercussão nos jovens.

Percebeu que o videogame, principalmente os da linha Nintendo, são sexistas (sempre o homem entra em ação, geralmente violentíssima, fazendo justiça com as próprias mãos). Ele indaga até que ponto esses heróis que cospem balas e submetem inimigos a torturas explícitas não são responsáveis pela imitação e consequente aumento da violência que ocorre atualmente nos Estados Unidos.

No Japão, o sociólogo Wulker, da Universidade de Tóquio, atribui o comportamento agressivo e antissocial dos "otacos" (jovens brilhantes, introspectivos e viciados em computação) ao isolamento e ao uso excessivo dos aparelhos eletrônicos. Eles não conseguem encontrar um sentido para a vida, enfrentar a própria realidade e acabam se suicidando. Está cada vez maior o índice de suicídio na faixa etária destes jovens.

Em relação à televisão, podemos verificar que ela simplifica excessivamente a realidade: é um atentado ao pensamento lógico, leva a uma participação emocional perigosa, com identificação com modelos violentos. Há o deslocamento linear da câmera, o que determina aumento de tensão na criança. A TV salta de um assunto para outro, descartando outros focos de interesse e atração. O pensamento maduro adulto é um pensamento que leva ao exame analítico e crítico, buscando a síntese. A criança que vê demasiadamente TV não aprende a desenvolver este processo. A destruição da imagem do real leva à paralisia do pensamento crítico.

Concluindo, tudo isto leva à educação de crianças superexigidas e desinteressadas da aprendizagem. A sociedade moderna quer que a criança se desenvolva "a jato", porque estamos na era moderna, onde tudo tem que ser rápido. A televisão processa em segundos vários comandos. Queremos também que a mente humana se processe assim. Porém, os seres humanos são limitados, e precisamos aceitar suas limitações para aprender a crescer. O estudo sob pressão dos pais e das escolas leva a consequências trágicas, num processo bastante grave, que Isabel Luzuriaga chama de "inteligências contra si mesmo", ou seja, as crianças que, por problemas emocionais e como defesa, atacam a sua percepção e se alienam do real.

Referências

CHILAND, C. & YOUNG, Gerald (editors). *Children and Violence*. New Jersey: Jason Aronson, 1994.

LUZURIAGA, I. *La inteligencia contra si misma*. Buenos Aires: Psique, 1987.

SOIFER, R. *Psiquiatria infantil operativa*. Tomo II, Psicopatologia, Primeira Parte. Buenos Aires: Kargisman, 1983.

SOIFER, R. *El niño y la televisión*. Buenos Aires: Kapalisz, 1981.

9

A MÍDIA: A VIOLÊNCIA NA MENTE INFANTIL

Capítulo de *A criança na contemporaneidade e a psicanálise. Mentes & Mídia: Diálogos Interdisciplinares.* Volume II. Maria Cecília Mazzilli Comparato e Denise de Souza Feliciano Monteiro (orgs.). São Paulo: Casa do Psicólogo, 2001.

Inicialmente, desejo agradecer o convite e a oportunidade de participar desta seleta mesa para algumas reflexões sobre um tema da maior importância na atualidade.

Previamente, farei um breve comentário sobre uma sensação que tive ao ver no saguão o grande número de publicações brasileiras mais recentes. A abundância de novas publicações trouxe à minha lembrança a pouca disponibilidade bibliográfica que havia quando comecei a trabalhar nesta área há mais ou menos 38 anos. Os livros que existiam disponíveis em português para estudo da psiquiatria e psicologia, sobretudo em relação à criança e ao adolescente, eram muito poucos e praticamente ausentes em relação ao bebê e ao desenvolvimento mental.

Um dos primeiros que encontrei foi o livro do [René] Spitz sobre o desenvolvimento emocional no primeiro ano de vida [*O primeiro ano de vida*]. Para o estudo da psicanálise e da obra de Freud, poucos eram os livros traduzidos diretamente do alemão para o espanhol (Balesteros, Madrid, 1948) e deste para o português, com uma série de erros decorrentes destas traduções. A grande dificuldade, na época, era ter livros especializados como fonte de informação e aprendizagem. Atualmente, ao contrário, existe uma pletora de publicações, sendo difícil selecionar e mesmo ter disponibilidade para leitura de todas as contribuições que surgem e que mais nos interessam. É também o que ocorre com a variedade de informações recebidas, decorrentes do progresso nas comunicações, quer pela correspondência, quer pela mídia, na qual, junto com "muito joio" existe "pouco trigo", dificultando a escolha do que realmente vale a pena selecionar.

Neste início de milênio, a mente humana é invadida pelo excesso de informação que recebe, sem tempo suficiente para seu processamento. Isto se agrava em relação à criança, que recebe uma sobrecarga de estimulação, afetando sua mente em processo de formação e desenvolvimento. Dependendo do maior ou menor grau de resiliência (capacidade inata de resistir emocionalmente a situações traumáticas), podem surgir sérios prejuízos mentais, desde que se considere a vulnerabilidade e a precocidade da faixa etária em que o excesso de estimulação é efetivado.

Em função da restrição do tempo, vou abordar especificamente o efeito da televisão sobre a mente infantil. Selecionei inicialmente alguns pontos que julgo útil questionar.

O que é a violência? É a mesma coisa que agressividade? É algo intrínseco ao indivíduo? Algo genético, atávico, herdado, ou algo congênito, adquirido durante a formação embrionária, no processo gestacional ou no momento do parto, por lesão ou disfunção cerebral, por situações traumáticas pré-natais, natais ou perinatais? Até onde existe interferência ambiental?

No bebê, a agressividade é defensiva e está vinculada ao seu instinto de sobrevivência – se ele não gritasse, não esperneasse ativamente, quem iria perceber e atender as suas necessidades? De início, manifesta sua agressividade de maneira intensa, violenta, proporcional à sua angústia e ao seu sofrimento.

O mesmo ocorre na sociedade atual, que, de certa forma, ensina e induz à violência na medida em que não propicia condições mínimas de sobrevivência ao indivíduo. A falta de um meio adequado – familiar, educacional, comunitário ou sociocultural, que favoreça o processo de maturação do ser humano – tem como consequência a manutenção de formas primitivas de ação em face das situações de vida adversas. Isso pode ser potencializado pela mídia ao transmitir atitudes e cenas de violência, que, como se sabe, encontram nos espectadores condições propícias à imitação, incrementando a tendência destrutiva como forma reativa à frustração e levando ao aumento significativo da escalada da violência na atualidade.

Existe diferença entre violência e agressividade, muito bem descrita por vários autores, entre eles Gerald Young (Nova York) e Colette Chiland (Paris), editores do livro *Children and Violence*, da Série Monográfica da Iacapap (International Association for Child and Adolescent Psychiatry and Allied Professions). Relatam existir várias fontes para a expressão da violência, sendo uma delas a ausência de aprendizagem pelas crianças de como lidar com seus sentimentos agressivos quando frustradas, o que resulta na incapacidade de conter suas angústias, com necessidade de descarga imediata de suas tensões. Mesmo na vida adulta, o indivíduo continua funcionando de maneira primitiva de pura descarga pela atuação, sem desenvolver sua capacidade humana de refletir antes de agir. A sociedade atual, não dando condições mínimas de sobrevivência a uma grande parcela de indivíduos desde a sua infância, não permite a estruturação, o desenvolvimento e a maturação adequada de sua mente para aprender a conter os impulsos primitivos e selvagens através da capacidade de pensar, apanágio do ser humano.

A agressividade, transformada em violência, é usada de forma egocêntrica em busca da sobrevivência a qualquer preço, sem levar em conta a realidade e o direito do outro. O indivíduo procura somente a satisfação imediata de seus desejos e o alívio de suas tensões. Quanto mais vulnerável, mais o sujeito se sente ameaçado e reage com violência. Quando a criança é atendida em suas necessidades básicas, alimentares, de afeto, de proteção, de amor, adquire reservas internas que lhe permitem suportar os limites que a vida lhe impõe, podendo distinguir aquilo que é imaginário do que é real. A agressividade é útil como defesa, mas dentro do princípio da realidade. Na medida em que, ao longo da vida, o indivíduo desenvolve sua experiência de contato com o mundo externo, adquire a capacidade de pensar, de discriminar os fatos, de refletir sobre a realidade, antecipando as consequências de sua ação, podendo escolher a melhor forma de agir. Assim, sua ação, de impulsiva, reflexa e atuada, se transforma em ação pensada e escolhida, sobre a qual ele passa a ter responsabilidade. Em função da rapidez e do excesso de estímulos que recebe no mundo atual, o próprio adulto maduro tem que fazer um esforço muito grande para ter espaço para pensar – pode-se, portanto, imaginar o quanto esta realidade interfere e prejudica a criança em seu desenvolvimento.

A *violência contra a mente infantil* tem sido um apanágio da modernidade. Tenho recebido no consultório crianças seriamente prejudicadas mentalmente que são estimuladas e exigidas de forma intensa e precoce, que tiveram pouca educação de suas emoções e são incapazes de identificar seus conflitos, porque não pensam, apenas atuam. Uma delas foi colocada na frente da televisão ligada assim que chegou da maternidade, porque a mãe imaginou que ela iria sentir-se muito sozinha (pura projeção!...), atitude esta mantida durante toda a sua infância. Que sentimentos e sensações pode ter tido este bebê diante destes sons e imagens invasivos, sem ter qualquer possibilidade de digerir e elaborar a enxurrada de estímulos a que foi submetido? Provavelmente foram sentidos como altamente perturbadores, ameaçadores, seguidos do intenso desejo de livrar-se deles, de expulsar com violência estes elementos perturbadores de sua quietude para poder manter sua própria integridade.

A educação insuficiente sobre conter impulsos agressivos primordiais leva a criança a adotar a agressividade como padrão de conduta: sempre que estiver frustrada, responde descarregando suas tensões através de atuações impulsivas. Segundo os autores citados, crianças que tiveram pouca educação das suas emoções são incapazes de identificar seus conflitos, porque não pensam. E algumas, apesar da educação e até de receberem abordagem terapêutica, podem ter a agressão violenta estimulada por influência nociva ambiental. Assim, em uma série de situações, quando as pessoas são abusadas, maltratadas, seviciadas, vivem na miséria e na pobreza ou são dependentes de drogas etc. – fatos comuns nas condições sociais atuais –, o indivíduo é levado a agir de forma violenta quando frustrado.

Na sociedade atual, de consumo, na qual o lucro e o poder do dinheiro estão em primeiro plano, na qual o *Ter* é mais importante do que o *Ser*, não existe o respeito pelo valor da vida e da pessoa humana. O ritmo frenético da modernidade, de “se dar bem na vida”, ganhar dinheiro, status a qualquer preço, não dá espaço para o existir. As pessoas correm o tempo todo atrás do sucesso, do acúmulo de bens materiais, do consumo, procurando aparecer, ser notícia, estar na mídia, sem se importar com os meios a utilizar para isto, lutando para defender seu prestígio sem considerar valores éticos e morais. Poucos se preocupam com a qualidade de vida, com a evolução da espécie, com o existir como ser humano. Isto revela o quanto a humanidade atual está longe de atingir o pleno desenvolvimento de sua potencialidade. Atualmente, a sociedade – "caldo de cultura" em que deveria ocorrer o processo maturativo da personalidade – oferece parcas condições para a construção adequada do ser humano como *Homo Sapiens* (Homem Sábio).

Como se realiza este processo? A percepção da própria existência começa muito cedo, quando um filho é desejado pela família, quando começa a existir uma promessa de vida no imaginário da mãe e do pai ou já presente no útero. Quando não existe este desejo, ou quando não existe o pai, ou quando se fazem tentativas abortivas – o que é muito comum nos dias de hoje, em uma sociedade egocêntrica, que atua sexualmente sem assumir a responsabilidade em relação ao produto de sua ação –, a preservação da vida no mundo fica muito mais complicada devido à insuficiência de condições básicas fundamentais para o pleno desabrochar da condição humana do novo ser.

A vivência intrauterina favorece uma confusão de identidade muito intensa entre a mãe e o bebê. Como ele recebe nutrição contínua, está extremamente protegido e sente o espaço que o contém se ampliar na medida em que se desenvolve, podemos supor que sua fantasia, consequente à vivência de plenitude, pode levá-lo a imaginar que "se basta a si mesmo", o que daria origem ao *Narcisismo Primário*. Esta hipótese de registro precoce da vivência paradisíaca, que se realiza pela experiência vital dentro do corpo da mãe, se fundamenta no conhecimento atual de que o sistema nervoso começa a se estruturar muito cedo no embrião, tendo precocemente células sensitivas que já registram algumas impressões. Além do fato biológico de como o organismo materno privilegia as necessidades do bebê, fornecendo-lhe prioritariamente tudo de que necessita através da placenta – se existe pouco ferro, pouco cálcio, a mulher se descalcifica, fica com anemia ferropriva, mas dá ao bebê o cálcio e o ferro disponíveis, ainda que isto a enfraqueça. É a lei da natureza que sempre favorece o novo ser.

Atualmente, na medida em que existem mais recursos para melhor investigação sobre o psiquismo fetal, surgem comprovações de registros precoces na vida intrauterina que se confirmam nas investigações após o nascimento como resquícios da situação paradisíaca. Já existem meios de verificar, pelo menos no segundo trimestre da gestação, pela observação no ultrassom, como o feto está alerta e reage ativamente aos estímulos, comprovando sua capacidade de percepção e de interação com o mundo externo, além de várias outras evidências científicas.

A experiência narcísica intrauterina de prazer absoluto durante o processo gestacional pode ser considerada como a vivência gratificante do incesto que vai se perturbar quando começa a redução do espaço e o feto começa a ficar apertado, diminuindo cada vez mais sua possibilidade de expansão. Surge então um grande conflito: uma parte dele quer ficar presa à fonte incestuosa de satisfação que lhe dá prazer contínuo e outra quer se separar, se expandir em busca de individuação, de liberdade de crescimento, para desenvolver a própria identidade, única, específica, em busca da própria realização. Isso é determinado por uma força de vida herdada, genética, que impulsiona o ser para o crescimento, o desenvolvimento, a maturação e a individuação. Se não desencadear o processo do parto, do desprendimento para continuar a crescer e se expandir, o feto morre; para sobreviver, tem que vencer a dependência de fixação no objeto primário incestuoso e buscar uma vida autônoma, fisicamente independente.

O nascimento é a ruptura brusca de uma união de 9 meses, considerada uma vivência traumática por Otto Rank e uma vivência de cesura catastrófica por W. Bion. O ser humano é o animal que nasce com menor condição de sobrevivência no mundo externo se não tiver quem atenda imediatamente a suas necessidades básicas. À medida que começa a ter sensações desagradáveis de que algo lhe falta – como fome, por exemplo – e sente desprazer, entra em tensão, angústia, e surge o desejo de alívio, que mobiliza a ação, a procura de um objeto de satisfação no mundo externo que lhe dê a vida em plenitude como a que recebia intrauterinamente, e que, ao ser encontrado, determina a descarga de suas ansiedades e lhe dá prazer. Daí a urgência na busca de satisfação do desejo.

A sociedade de consumo, que favorece o *Princípio do Prazer Absoluto*, está vinculada ao (e estimula o) desejo de vivência e tendência incestuosa, primitiva, em que a falta de limite e a busca da satisfação prazerosa imediata conduzem à intolerância de qualquer frustração, sentida como uma catástrofe similar à vivida na cesura do nascimento, e cuja revivescência torna-se insuportável, pois pode levar à desorganização mental caso não haja imediata satisfação do desejo.

A capacidade de tolerar a frustração sem se desorganizar, de acordo com o *Princípio da Realidade*, vai se fazer ao longo de todo um processo de desenvolvimento, maturação e estruturação da personalidade, que se realiza lenta e gradualmente através da experiência vital e da vivência e do estabelecimento dos primeiros vínculos afetivos com o mundo externo. Isto ocorre na medida em que a mãe dá para a criança um "banho de afetos", segundo Serge Lebovici, a "continência" descrita por Winnicott, a "capacidade de sonhar" segundo Bion. A continência ambiental, com uma mãe "suficientemente boa" (Winnicott), à medida que o bebê vai tendo experiências gratificantes, agradáveis, prazerosas, que atendem às suas necessidades, vai gradualmente desenvolver sua capacidade de suportar ser um indivíduo, ser um Eu separado do Não-Eu, que é para ele a fonte de prazer (mãe-placenta-útero).

A fantasia básica inicial narcísica, de ser o centro do universo, de se autobastar, desaparece quando o bebê percebe a mãe separada dele, ficando muito irritado quando sente a falta de algo e não pode se autossatisfazer, a não ser na fantasia, e acaba se confrontando com a realidade que lhe impõe limites. É quando percebe que precisa do outro, de alguém que vem de fora para aliviar seu estado de tensão, sua angústia, a qual vai sendo gradualmente neutralizada na medida em que recebe do objeto primário formas satisfatórias no atendimento às suas demandas. Isso é o que gradualmente, através de experiências gratificantes que neutralizam as experiências frustrantes, irão aumentar sua capacidade de tolerar o desprazer e a dor psíquica.

O período inicial, que vai do nascimento até cerca de 2, 3 anos é básico na estruturação da personalidade, quando começa a se constituir a percepção do próprio Eu e a criança vai tolerando estar separada da fonte de prazer incestuoso... À medida que adquire segurança interna, através da introjeção de boas experiências, vai podendo tomar melhor contato com a realidade, estruturar e desenvolver as funções básicas do Ego:

- discriminar sua fantasia (subjetiva), vinculada ao desejo idealizado de ter permanentemente o objeto de prazer, da realidade limitante (objetiva), que pode ou não lhe fornecer o objeto gratificante;
- analisar, refletir, pensar a realidade, seus limites, tendo por base sua experiência pessoal e a transmitida pela família e pela cultura como modelos de identificação, procurando encontrar outras formas de satisfação substitutivas do desejo primitivo;
- antecipar as consequências de seus atos, escolher, planejar e executar a ação, assumindo responsabilidade por sua decisão – é através deste processo que nos tornamos maduros, pensantes e responsáveis.

Ao sair de uma situação em que fantasia de forma onipotente ter controle sobre tudo, ser todo-poderoso, para a percepção de seu limite, verificando que sozinho não consegue sobreviver, o bebê começa a se conscientizar de sua individualidade e de sua dependência do mundo externo. Como vai poder sair dessa situação? Procurando desenvolver sua autonomia, inicialmente através do domínio corporal e gradualmente através do desenvolvimento mental e da capacidade simbólica de pensar. Nesta fase do processo, é de grande importância sua maturação neurológica, sua mielinização no sentido céfalo-caudal, que lhe permite ter melhor percepção de seu próprio corpo, tomar contato com sua realidade corporal separada do corpo da mãe, que é diferente, funciona de outra maneira, que ele pode ver, ouvir, tocar, que aparece e desaparece e é independente do domínio de sua vontade, o que vai favorecendo o desenrolar de uma experiência pessoal de contato ampliado para o mundo externo e a realidade.

Como antes realizava de modo seletivo seus contatos através da boca, com o processo de maturação biológica e devido à presença dentária, se desprende pelo desmame, utilizando agora todo seu corpo para um contato corporal mais abrangente. As experiências gratificantes, a continência amorosa dos pais e a melhor discriminação da realidade e de sua própria identidade é que vão lhe permitir suportar a frustração de ser separado e de não se autobastar. Começa a perceber suas possibilidades reais de atividade motora voluntária, saindo da dependência reflexa e passiva. Se tem sede e vê a água, pode dirigir sua mão naquela direção, ou à mamadeira ou ao seio quando está com fome; começando a ter uma intencionalidade em seu movimento. É através do domínio do movimento de seu corpo, a partir do ato motor voluntário, que a criança vai aos poucos desenvolvendo a capacidade de incorporar em sua memória os registros de suas experiências. O ato motor é fundamental para o desenvolvimento da capacidade associativa mental e a noção do próprio eu.

O ato voluntário vai desenvolver a noção de seu esquema corporal e de suas capacidades, permitindo-lhe distanciar-se da figura da mãe, começar a discriminar a figura do pai e todo o processo de desenvolvimento posterior de sua própria identidade. Quando a criança começa a descobrir o mundo, busca ter contato através da atividade motora, o que estimula e favorece o desenvolvimento e a maturação de seu cérebro. Atualmente, está comprovado que nos dois anos de vida do bebê, o peso cerebral salta de 340 gramas no momento do nascimento para 1.150 gramas, ou seja, aumenta 810 gramas. Depois, dos 2 anos até a vida adulta, o cérebro aumenta apenas 300-350 gramas, pesando em média 1.400-1.500 gramas. Este aumento de peso se faz pelo aumento da rede dendrítica das células cerebrais, ampliando o número de circuitos associativos e sinapses que organizam conexões cerebrais, fundamentais para o estabelecimento de processos associativos determinantes da possibilidade de pensar e que favorecem o desenvolvimento do processo simbólico.

De que forma a televisão interfere no desenvolvimento e no processo de maturação cerebral? Este processo pode ser alterado quando se coloca uma criança muito jovem diante da televisão, o que pode ser considerado uma *violência contra a mente infantil*. Usando o exemplo citado anteriormente, em que a mãe colocou um bebê recém-nascido diante da televisão para que não ficasse sozinho, podemos considerar que esta criança pode receber estímulos sonoros e visuais que aumentam suas ansiedades persecutórias naturais. O excesso de estimulação que não pode ser metabolizado pela mente transforma-se em algo muito persecutório e a defesa mais primitiva utilizada é a negação, desligando o contato e bloqueando a conexão com o mundo externo. Como defesa, ela usa a negação da realidade, "retira o time de campo", com retração autista defensiva, buscando refúgio no mundo da fantasia, dormindo profundamente e imaginando estar de volta ao paraíso uterino. Se esta situação perdurar por muito tempo, com excesso de estímulos sentidos como persecutórios, a falta de contato com a realidade por retração autista defensiva impede o processo de introjeção de boas experiências, que é fundamental para a segurança interna e para o enriquecimento da personalidade. Devido ao prolongamento do corte de contato com a realidade, este bebê vai ter prejudicado o desenvolvimento natural de seu processo simbólico e de sua capacidade de pensar. Portanto, quanto mais jovem é a criança, mais prejudicial é para ela ficar diante da televisão, pois não consegue discriminar o que escuta, o que vê, o que é real e o que é imaginário.

A televisão também tem efeito similar para o adulto, favorecendo o desligamento da realidade e o refúgio no mundo da fantasia. É provável que a alienação do homem atual e uma certa perda da capacidade crítica, a banalização do mal e das coisas que são veiculadas nos programas televisivos, a ausência de reação, a insensibilidade e a cegueira ética e moral tenham relação com o mecanismo defensivo e primitivo de negação, como o usado pela avestruz, que esconde a cabeça entre as penas para não ver. A televisão favorece ainda o uso excessivo de identificação projetiva, que pode dificultar o desenvolvimento da noção da própria identidade.

A projeção é um dos mecanismos mais primitivos descritos por Freud. O que causa muito incômodo interno, bem como o que é intensamente idealizado, pode ser projetado constantemente no mundo externo. Os sentimentos hostis, violentos, maldosos, destrutivos, sádicos, insuportáveis ao Superego e à consciência crítica, podem ser projetados e realizados, por identificação projetiva, nas cenas violentas e sádicas que tanto sucesso fazem nas telas: explosões, incêndios, perseguições, lutas sangrentas, estupros, torturas, humilhações, assassinatos, vampirismo, cenas de retaliação com esfaqueamento, esquartejamento, cortes sangrentos etc.

Da mesma forma, as fantasias idealizadas de cenas românticas, de paraísos terrestres, de poder e sedução, de prazer alimentar ou sexual, tão presentes nos filmes e novelas, satisfazem por identificação projetiva as carências, o sentimento de solidão e de limitação que existe em todo ser humano. Portanto, a televisão vem ao encontro daquilo que o indivíduo projeta como idealização ou o que o incomoda e tem que ser expulso, identificando-se com os personagens, pelo mecanismo de identificação projetiva, tanto com os perseguidores como com as vítimas. Este seria o motivo de certas pessoas terem um prazer mórbido ao ver filmes de terror, tanta curiosidade de ver acidentes, incêndios, inundações, sevícias, assassinatos, tragédias, cenas pornográficas, programas invasivos da privacidade, que humilham e ridicularizam as pessoas – muito explorados pela mídia porque têm audiência certa para este tipo de programação, principalmente junto àqueles com personalidades pouco amadurecidas. Porém, só o aspecto catártico da descarga de emoções reprimidas não favorece a estruturação do psiquismo. A projeção é um mecanismo natural no ser humano, porém, seu uso excessivo empobrece a personalidade, pois não permite a internalização das experiências, necessária à consolidação, estruturação e ao desenvolvimento de sua identidade.

A personalidade humana se estrutura e se desenvolve a partir do interjogo entre projeções, introjeções, identificações projetivas e introjetivas, realizadas moderadamente. E, através da incorporação de boas experiências, vai se consolidando a segurança interna, que permite o relacionamento com o outro sem temor. Segundo Melanie Klein, começa a haver "consideração e preocupação com o destino do objeto", que é a base do amor, que permite se identificar com e respeitar o outro como cada sujeito gostaria de ser respeitado. A contenção dos impulsos agressivos primitivos e sua transformação em agressividade útil, defensiva, passa a ser usada de forma adequada, adaptada à realidade. Este mecanismo de repressão e deslocamento se efetua muito cedo, no seio da família, através da educação das emoções, e reduz significativamente a tendência ao uso da violência. Na história de pessoas mais agressivas e violentas, verifica-se que, no início de suas vidas, não tiveram um continente "suficientemente bom" (Winnicott) que pudesse absorver suas ansiedades, favorecendo a repressão e o controle de sua impulsividade.

Há uma diferença conceitual entre o recalque e a repressão. A repressão é um mecanismo útil e necessário ao funcionamento mental, enquanto o recalque é um bloqueio total de toda a força vital, com consequente enfraquecimento egoico.

Tenho refletido há bastante tempo sobre a influência da TV na mente infantil através de um diálogo intenso que mantive durante anos com a Dra. Raquel Soifer, psicanalista argentina, já falecida, desde quando a convidei pela primeira vez a vir ao Brasil. Ela foi pioneira ao publicar sobre este tema *A criança e a televisão*, um livro em que analisa com propriedade a interferência da televisão no processo de desenvolvimento da mente infantil. Ela incluiu na nosografia da psiquiatria infantil dois novos quadros psicopatológicos, encontrados com muita frequência na clínica, que denomina televisite (formas agudas) e televisiose (formas crônicas), nos quais aparecem com muita clareza áreas de desorganização egoica por excesso de identificação projetiva, devido à assistência excessiva à televisão, e que muitas vezes podem ter características psicóticas.

Como exemplo, posso citar um caso, atendido recentemente, de um rapaz de 17 anos que dorme até o meio-dia, toma banho, almoça e passa a tarde toda vendo os vídeos dos filmes que deixou gravando durante a noite enquanto estava na escola. Em seu curso noturno, é frequente não conseguir prestar atenção, porque fica pensando nos vídeos que deixou gravando e geralmente falta às últimas aulas para voltar correndo para casa a fim de assistir à televisão ou de ver seus vídeos, o que faz até altas horas da madrugada. Seu funcionamento psíquico é primitivo, de pensamento concreto, como o do personagem do filme *Muito além do jardim*, com Peter Sellers, em que o personagem se relacionava com o mundo com os modelos introjetados dos programas que via na televisão, imitando os comportamentos incorporados, e tentava fugir das situações diárias que o desagradavam ligando o controle remoto para "mudar de canal", como fazia com a televisão, ficando perplexo por não conseguir mudar as cenas reais que não queria ver.

O paciente citado vive somente em função da televisão, completamente fora da realidade. É um rapaz que não consegue pensar de forma abstrata, com vida afetiva pobre, nenhuma imaginação, incapaz de produzir algo criativo, estacionado em estágio primitivo do desenvolvimento. Seus pais são professores e trabalham o dia todo. Quando pequeno, ficava com o avô, que o colocava desde bebê diante da TV para que "ficasse quieto e não perturbasse". É contra este tipo de agressão à mente infantil que se deve lutar para preservar a mente humana.

Como afirmei no início desta exposição, existem muitos aspectos positivos na televisão, educacionais, informativos, culturais, artísticos etc., que permitem o progresso. Seu propósito inicial era favorecer melhor comunicação, conhecimento, ampliação da cultura, o que foi sendo deturpado com o passar dos anos, principalmente pelo mau uso da propaganda – que busca muito mais o benefício comercial e maior lucro, com queda da qualidade de muitos programas. A ação deletéria da televisão mal aplicada e seu efeito invasivo na mente de crianças e jovens determina graves alterações de conduta, sendo uma violência que impede o pleno desabrochar do psiquismo.

10

PSICOBALÉ

Publicado na revista *Intersecções* nº 5, vol. I, 2003, Departamento de Psicodinâmica do Instituto Sedes Sapientiae, como *"O que há de novo na prática da psicoterapia: psicoballet"*

Inicialmente, desejo agradecer o convite para participar desta mesa e do grupo que realizou as reuniões preliminares, que ajudou a preparar, organizar e sobretudo a dialogar em clima fraternal e aberto durante os 11 encontros que realizamos, porque sinto que, para mim, foi uma ocasião de enriquecimento e oportunidade de conhecer melhor o corpo docente do Sedes, bem como outros profissionais convidados e o seu modo de trabalhar psicoterapicamente.

Acho que o ponto comum e fundamental que favoreceu nosso entendimento, que nos aproxima e nos une, é o amor e a dedicação que temos ao nosso trabalho, a preocupação não somente ética, mas também humana, a responsabilidade e também o cuidado e o carinho no trato de nossos pacientes, o profundo respeito que dedicamos ao ser humano emocionalmente sofrido que procura nosso auxílio.

Ouvindo as exposições dos que me antecederam, muito me emocionei, pois senti o quanto coincidimos nas preocupações com nossa função de psicoterapeutas e, afinal, com o nosso papel no mundo de hoje. Já trabalhei em hospital, no final dos anos 50, nos anos 60 e 70, acompanhando de perto pacientes terminais – adultos e crianças – e acompanhando também a angústia das respectivas famílias.

Minha experiência profissional como médica levou-me a lecionar para alunos da Faculdade de Medicina da Osec (atual Unisa, Universidade de Santo Amaro), tentando sensibilizá-los para a percepção das emoções em jogo no desenvolvimento da personalidade, nos aspectos éticos e humanos da relação médico-paciente, na relação com a equipe. Também tive a oportunidade de dar cursos e orientação para os residentes do Hospital do Servidor Público Estadual de São Paulo, mostrando-lhes o manejo das emoções na realidade e na vivência do trabalho hospitalar...

Enfim, nos nossos encontros e mesmo agora neste encontro, fiquei estimulada a expor estas experiências e outras a vocês, desejando comentar e trocar idéias sobre uma porção de coisas. Estou fazendo este comentário como introdução, porque gostaria de ter mais tempo para dar o testemunho de vários episódios de minha experiência profissional, sendo provavelmente uma das mais antigas deste grupo.

* * *

Enquanto estudante universitária, exerci o magistério, o que foi uma rica experiência na área da Educação e no contato com crianças e o ser humano em formação. Fiz especialização em obstetrícia e ginecologia, pediatria, psiquiatria e neurologia infantil, com formação na Sociedade Brasileira de Psicanálise. Sempre procurei integrar o que aprendi dentro de uma visão holística do ser humano, tentando evitar a setorização e a fragmentação para a qual as especialidades nos conduzem, buscando conjugar meus conhecimentos médicos com o conhecimento psicanalítico e social. Desenvolvi ampla participação associativa, buscando sempre a integração das especialidades na Abenepi [Associação Brasileira de Neurologia e Psiquiatria Infantil], na Flapia [Federação Latinoamericana de Psiquiatria da Infância, Adolescência, Família e Profissões Afins], e até mesmo no Centro de Estudos Luiz Vizzoni do Instituto de Psicanálise [da Sociedade Brasileira de Psicanálise de São Paulo]. Penso que, atualmente, existe uma visão excessivamente fragmentada do ser humano em decorrência da superespecialização nas diferentes áreas do conhecimento.

Como aqui foi colocado muito bem, isto foi determinando um isolamento, uma falta de comunicação entre as diferentes especialidades, causando a sensação de estarmos cada vez mais sozinhos, cada um encapsulado e perdido em seu mundo exclusivo, vendo o paciente apenas através de uma visão superespecializada e seletiva, perdendo o sentido global e complexo do ser humano.

Cada vez mais se observa, na prática clínica, como os pacientes, sobretudo crianças e adolescentes, não têm referenciais relacionais. Isto os mantém numa estagnação egoica em níveis primitivos, sem capacidade de refletir sobre o próprio existir. Então, antes de se poder trabalhar psicoterapicamente – através de comunicação verbal, interpretativa, simbólica, criativa, mental –, deve-se dar condições para que o paciente se perceba e tenha a definição de uma identidade própria com capacidade intra e inter-relacional. O problema fundamental que encontramos no mundo atual é a dificuldade que as pessoas têm de se definir, o que foi muito bem colocado anteriormente nesta mesa. Mas vamos deixar estes temas para o debate, para discutir nos grupos, pois o meu tema específico é "O que há de novo na prática da psicoterapia".

Pretendo trazer aqui uma experiência mais recente, que estou desenvolvendo com o trabalho psicoterápico através do psicobalé, utilizando a música e o movimento através da dança e sua importância no desenvolvimento e na integração da personalidade, o que de certa forma tem a ver com estes comentários introdutórios.

Meu primeiro contato com o psicobalé foi em um congresso da Abenepi em Blumenau, em 1995, quando convidei duas cubanas do Departamento de Psicobalé do Hospital Psiquiátrico de Havana – sendo uma delas a fundadora do método, Dra. Georgina Fariñas Garcia – para um *workshop* do qual participei. Fiquei logo entusiasmada com este trabalho e passei a divulgá-lo no Brasil. Atualmente, sou presidente da Associação Brasileira de Psicobalé e trago periodicamente a fundadora para treinamento e reciclagem de profissionais que empregam esta técnica.

O psicobalé é um método psicoterapêutico grupal interdisciplinar – pois engloba profissionais de diversas áreas, principalmente de saúde, educação e dança –, que consiste em um sistema dinâmico integral, tendo como base a psicologia e como instrumento a técnica do ballet artístico, harmonizando ciência e arte. Foi criado em Cuba (1973) e instituído como departamento do Hospital Psiquiátrico de Havana vinculado ao Sistema Nacional de Saúde de Cuba; em 1984 como Grupo Unesco de Psicobalé; em 1994, como Associação Latino-Americana de Psicobalé e, em 1996, como Associação Brasileira de Psicobalé. Esta, vinculada ao Ippia, Instituto de Psiquiatria e Psicoterapia da Infância e da Adolescência, inter-relaciona assistência, docência e investigação, prestando serviços (formação, orientação e assessoria) a instituições e centros especializados de habilitação e reabilitação.

O público-alvo do método é principalmente de crianças e adolescentes em situações de risco familiar e social, com distúrbios emocionais e de conduta, com quadros psicopatológicos leves, moderados ou crônicos, deficiências e limitações mentais, visuais, auditivas e motoras (leves, moderadas, severas ou profundas), tendo, portanto, ampla aplicação. Pode ainda ser utilizado com crianças e jovens em momentos naturais de transição e de crises normais do desenvolvimento, bem como é amplamente aplicável em escolas, instituições, empresas, etc., beneficiando adultos, gestantes, casais e assim por diante. Tem grande abrangência, podendo ser utilizado em atenção primária, secundária ou terciária. Com um ano de duração, a técnica é aplicada por equipe multidisciplinar, abrangendo principalmente as áreas de saúde, educação e dança.

Como pediatra, neurologista e psicanalista, acompanhando o desenvolvimento biológico, a maturação do sistema nervoso, o desenvolvimento emocional e a estruturação do psiquismo, comecei a me indagar: "Como vou juntar tudo isso?". Senti necessidade de fazer esta integração, buscando recuperar, no ser humano deprimido deste final de século, a alegria de viver. Com o psicobalé, é possível conseguir esta junção utilizando a música, o movimento e a dança, que, pela estimulação bioenergética, favorecem essa integração entre mente, corpo e mundo externo.

Quando se trabalha com o psicobalé em terapia grupal de objetivo determinado, de curta duração – o que é de ótima aplicação em nossa época, em que se procuram sempre resultados rápidos, em que tudo tem que ser realizado em curto prazo devido à rapidez dos acontecimentos –, verifica-se que as evoluções pessoais são surpreendentes, porque há uma reativação da vitalidade através da música, do movimento e do trabalho grupal, em que as emoções afloram, são intensamente vivenciadas e o grupo favorece sua elaboração. O indivíduo se encontra com suas próprias características, se conscientiza de suas possibilidades e passa a buscar sua própria capacidade de colaboração criativa no relacionamento interpessoal, aprendendo a se comunicar com o grupo e reconhecendo sua própria identidade, diferente e específica.

Este é um trabalho terapêutico que deve realizar-se previamente ao trabalho psicoterápico em nível simbólico, interpretativo, verbal, pois favorece a consolidação da identidade e a percepção discriminatória que antecede a capacidade de pensar. É um trabalho que se realiza no nível do corpo, pré-verbal. Assim, é uma técnica de boa aplicabilidade, que vai ao encontro das necessidades e demandas do homem atual.

O prazer de viver está vinculado à música e ao movimento. O mundo se move dentro de um ritmo.O universo é pulsátil. O ritmo é um agente estruturador da matéria.Todo o nosso psiquismo se faz na base de desintegração, integração. Instinto de vida (energia que organiza, integra, desenvolve) e instinto de morte (que desorganiza, desintegra, paralisa). O instinto de vida busca a integração, o desenvolvimento, o prazer. O instinto de morte é um instinto moderador da intensidade do impulso vital, que na criança é muito intenso e precisa ser parcialmente contido para permitir a organização.

Assim como precisamos de um catabolismo para ter um anabolismo, assim como existe a análise para haver a síntese, existem também a tese e a antítese no nosso mundo instintivo, com um elemento ativo vital e seu moderador correspondente. Os modelos psicológicos têm correspondência com os modelos biológicos (psicologia e medicina), fazendo a integração dessas duas áreas. O corpo não é estático e está sempre em movimento, seja externo, seja interno. Essa energia biofísica se origina de atividades bioquímicas e bioelétricas musculares, que se transmitem através de ondas e recebem comando cerebral através do encéfalo e dos nervos.

A pele e o sistema nervoso têm a mesma origem embrionária. Assim, é possível escutar com a pele. O som, a música estimula nosso nervos periféricos e disso resultam reações cutâneas (arrepios, sensações de prazer ou desagrado etc.). É provável que atinjam até a nossa memória celular! O eletrochoque, que é uma prática que ainda se faz em psiquiatria, é um desarranjo provocado no sistema bioelétrico para provocar uma defesa re-estruturante, um novo arranjo vital. O mesmo princípio deve estar relacionado ao choque metabólico insulínico. Do mesmo modo, existem reações proprioceptivas por estimulação da música e do movimento que podem levar a rearranjos estruturantes.

As análises são desestruturantes, desorganisativas, buscando separar analiticamente os fatos na busca de nova estruturação através da interpretação-síntese que leva ao insight e a uma nova estruturação. Os modelos são similares e coincidentes. A energia vital se transmite através de ondas, de movimentos de integração e desintegração corporais (inspiração e expiração, assimilação de oxigênio e eliminação de gás carbônico, digestão e absorção alimentar, incorporação e eliminação, etc.) e repete estes modelos em nível mental (introjeção e projeção etc.) em diferentes fases do desenvolvimento, levando gradualmente à estruturação da personalidade e à definição da identidade.

As primeiras experiências vitais do feto se fazem através do movimento. A criança sente prazer lúdico no movimento que para ela é a característica de estar viva. O corpo da criança é elemento básico e criador da vida e para ela vida é movimento. A baratinha ou a formiguinha se movem e estão vivas, mas, se ela pisa em cima e o inseto para, se imobiliza, para ela isto significa que está morto. Assim, para a criança, viver é se movimentar. A vida se manifesta através do movimento (nos expressamos e falamos com o corpo) e por isso também a música e o movimento são características humanas que aparecem em todas as culturas.

Os arqueólogos já descobriram que existiam instrumentos musicais 30 mil anos antes de Cristo. Todas as culturas se manifestam através da música, da dança e do movimento. E esse movimento favorece a regressão a situações de prazer, sobretudo, vividas no paraíso uterino. O feto reage ao som, o ritmo é criador de emoção: as partículas que atingem o tímpano vão determinar excitação de conteúdo emocional.

Segundo alguns autores, a mente é uma secreção do cérebro. É o veículo que comanda o cérebro que tem uma estrutura de aferência das energias vitais e de eferência, que as distribui. Cada liberação de energia em nível muscular provoca um *feedback* na estrutura mental, magnetizando a mente do indivíduo. Isto resulta em mudança no tônus mental da pessoa, que pode ser um efeito medicamentoso intoxicante ou terapêutico.

O trabalho com o movimento influi na atitude da pessoa para consigo mesma e para com o mundo; permite a conexão de sentimentos, imagens e pensamentos próprios, onde o mover-fazer lhe pertence e tem um sentido; põe em marcha a expressão de sua vitalidade, suas imagens interiores e sua criatividade. O movimento é um fazer simbólico onde se revela o psiquismo do individuo, onde se encontra sua expressão e transformação. Na arte de mover-se está a personalidade total do sujeito.

A capacidade de se expressar através do movimento é inata e primitiva. O processo simbólico do pensamento depende do movimento para o seu estabelecimento. O movimento estimula e favorece a maturação do sistema nervoso através da experiência de contato, precedida pelo movimento de aproximação. As tendências vitais mais primitivas são de movimento centrífugo, de dentro para fora, em busca de contato com o mundo externo, o que favorece o movimento centrípeto, de fora para dentro, de incorporação da experiência de contato com o objeto, que leva à percepção-discriminação, e o desenvolvimento de circuitos cerebrais (dendritos), de processos associativos, que são fundamentais no estabelecimento da reflexão e da reativação da memória associativa (básica no processo de estruturação do pensamento) e na maturação emocional pelo contato com a realidade e a consequente ação voluntária responsável. Os gestos, atitudes, que já se observam no feto pelo ultrassom, tem o valor de mensagem, comunicação, que evolui do instintivo-impulsivo para o voluntário através do processo de desenvolvimento, mielinização e maturação do sistema nervoso, sendo de extrema importância na estruturação do aparelho psíquico e seu funcionamento cognitivo-emocional.

O movimento favorece um grande desenvolvimento cerebral nos primeiros anos de vida a partir da estruturação dos circuitos associativos. O cérebro do recém-nascido pesa 340 gramas; aos 2,5- 3 anos, apresenta significativo aumento, pesando 1.150 gramas, enquanto na vida adulta pesa 1.350 gramas. Este grande aumento de peso inicial se deve ao aumento dos circuitos cerebrais associativos, que se estabelecem pelo movimento voluntário nos primeiros anos de vida.

No bebê, os movimentos favorecem o crescimento e o desenvolvimento dos ossos, a estimulação e o crescimento das células nervosas cerebrais, a formação dos nervos, o futuro controle preciso dos movimentos das mãos, o domínio do corpo, o desenvolvimento do esquema corporal etc. O impedimento do movimento na primeira infância leva a congelamento das articulações, atrofia dos ossos, músculos e nervos. Através do movimento, a ação vivida se transforma em ação representada simbolicamente. Portanto, o movimento é crucial para o desenvolvimento do bebê e de sua vida mental. O controle mental voluntário do movimento amplia seu alcance e significação, como algo adquirido pela experiência que, ao ser controlado no nível de pensamento, é recriado internamente e passa a ter o valor de símbolo. O pensamento e a linguagem se desenvolvem a partir da capacidade de simbolização.

Movimento é onda; som é onda; energia é onda. A vida se expressa no corpo por reações bioquímicas e atividade bioelétrica, que se propaga por ondas através dos nervos e se manifesta pelo movimento, demonstrando a vitalidade do corpo.

Segundo Confúcio, a música nasce da emoção. É uma forma de linguagem com menos especificidade do que a fala, mas tem formas e significados subliminares com maior força emotiva e fundamentalmente é um sistema diferente ou um meio de expressão específico, peculiar, de idéias, experiências e sentimentos. Segundo algumas teorias, é até possível que a música tenha precedido a linguagem oral. É uma forma de linguagem adquirida, para a qual o ser humano tem capacidade inata, e que tem significados sutis e grande força emotiva. Na Física, o ritmo é o agente estruturador da matéria. Quando se ouve uma música, a diferença no ritmo imprime as característica da alma do autor, podendo ser ouvida em diferentes níveis, dependendo da agudez auditiva e da sensibilidade de cada pessoa. O ritmo é carreador de emoção e vai determinar excitação de conteúdo emocional. A emoção se utiliza do ritmo como condutor. Os sons primordiais elementares atingem a alma. Em estados mais regressivos, existe tendência a absorver sonoridades mais regredidas. As crianças preferem sons consonantes, mais naturais e primordiais.

Porque a juventude atual adora o *rock*? É só observar o ritmo com atenção que se percebe como basicamente o som do *rock* corresponde ao som acelerado dos batimentos cardíacos. É uma forma de descarregar ansiedades primitivas. Pode-se supor que corresponde ao som placentário da entrada do sangue em turbilhão, vindo da placenta para o corpo do bebê através do cordão umbilical, pois é similar ao que se escuta no sonar durante a gestação, com o registro dos batimentos cardíacos do bebê, da mãe, assim como ao barulho placentário e aos ruídos intestinais.

A vivência intrauterina, registrada durante 9 meses, ajuda a acalmar as angústias, porque é aquela presença do outro-mãe-placenta gratificadora – a "metade da laranja", a presença da "placenta-seio" – que é revivida e ilusoriamente acalma a angústia existencial. Os "embalos de sábado à noite", os embalos da dança, se fazem no ritmo dos batimentos cardíacos. Intrauterinamente, o feto está em movimento de embalo constante, porque a aorta abdominal é pulsátil e movimenta o útero ininterruptamente, o que é percebido e registrado pelo feto, principalmente no segundo trimestre da gravidez – momento paradisíaco de plenitude, porque ele está extremamente protegido, o útero materno abre espaço para o seu desenvolvimento e a placenta lhe fornece continuamente o aporte alimentar.

A contratilidade da aorta abdominal movimenta o útero continuamente, dando um movimento ondular ao liquido amniótico e balançando o bebê ao ritmo cardíaco da mãe. Por isso as pessoas adoram banhos quentes de imersão, sobretudo em banheiras de hidromassagem, com movimento da água em turbilhão, bem como ficar boiando no mar ao sabor do movimento das ondas. São revivescências de situações regressivas, gratificantes e relaxantes. Nos estados emocionais mais regressivos, há tendência a absorver sonoridades mais primitivas, como os barulhos da natureza, marulhos, trovões, movimento da água etc. O Dr. Thomas Verny, psiquiatra canadense (que escreveu um livro traduzido para o português, *A vida secreta do bebê antes de nascer*), em suas conferências, fala de várias experiências que comprovam a existência de registro de sons e de música no período de vida fetal.

Atualmente, muito se sabe a respeito do *psiquismo fetal* e da importância da tranquilidade da gestante para o bem-estar do feto. Está comprovado cientificamente que há intensa interação afetiva dos fetos com o meio ambiente, principalmente a partir do quinto mês de gestação. Recomenda-se que as mães e os pais conversem amorosamente com seus bebês ainda no útero, que toquem música erudita para eles – como a de Vivaldi e Mozart etc. –, sobretudo as de sua preferência. O bebê que se desenvolve em ambiente tranquilo e acolhedor, nasce com melhor capacidade de adaptação ao mundo externo e tem melhores condições para enfrentar as vicissitudes da vida.

Frederick Leboyer, obstetra francês que revolucionou a abordagem do recém-nascido no parto de forma "não violenta", com postura mais humana e receptiva ao novo ser que inicia seu contato real com o mundo externo, recomenda o mergulho em água tépida com a temperatura do corpo da mãe, a execução de música suave no momento do parto e massagens corporais acariciantes para tranquilizar o bebê ao nascer e diminuir o impacto do contato com o mundo externo e do excesso de estímulos. O bebê se tranquiliza quando a mãe, através de música e movimento, o embala ao som de seu canto. Quando a mãe canta para o seu bebê ou conversa com ele, imperceptivelmente balança a cabeça de forma ritmada – e o bebê faz o mesmo, acompanhando este balanço com os olhos e com movimentos imitativos de sua cabeça. Ele se deleita ao ouvir o som musical agudo da voz feminina. As canções de ninar e o embalo do berço favorecem o estabelecimento das relações vinculares e o processo de identificação, que começam a partir do som e através do movimento.

Na fusão emocional simbiótica que ocorre entre o bebê e a mãe, que é a relação dual, as experiências satisfatórias vivenciadas com prazer vão permitir a introjeção das experiências gratificantes (os *bons objetos*, segundo Melanie Klein), que se consolidam numa sólida base interna, que permite ao bebê estabelecer bons relacionamentos consigo mesmo e com o mundo que o cerca, dando-lhe segurança para enfrentar as dificuldades e frustrações que o mundo lhe oferece. Vemos assim a grande importância da música, do movimento e da dança na consolidação dos primeiros vínculos afetivos e relacionais.

PSICOBALÉ EM RESUMO

1. O que é

Psicobalé é um método psicoterapêutico grupal transdisciplinar (áreas de saúde, educação e dança) que tem como base a psicologia e como instrumento a técnica do *ballet* artístico; harmoniza ciência e arte e inter-relaciona ASSISTÊNCIA, DOCÊNCIA, INVESTIGAÇÃO.

- 1973: Criado em Cuba como Departamento do Hospital Psiquiátrico de Havana, vinculado ao Sistema Nacional de Saúde;
- 1994: Grupo Unesco de Psicobalé;
- 1994: Associação Latino-Americana de Psicobalé;
- 1996: Associação Brasileira de Psicobalé (Abrapiba, vinculada ao Ippia, Instituto de Psiquiatria e Psicoterapia da Infância e da Adolescência).

O psicobalé utiliza como elementos básicos a dança, a música e o grupo. Esses três elementos têm efeitos terapêuticos. O grupo favorece a cada um dos integrantes realizar as atividades propostas com êxito, o que gera alegria, empatia e facilita a criatividade. O movimento harmônico da dança tem como principal efeito terapêutico a autorrealização, que é alcançada na medida em que se consegue fortalecimento e correção na estrutura da personalidade de cada participante. Isso é possível devido à mobilização da energia vital na execução harmônica do movimento.

2. Aplicações

a) Trabalho de grande abrangência (prevenção primária, secundária e terciária), que tem principalmente como população-alvo crianças e adolescentes em:

- processo de desenvolvimento, maturação emocional e dificuldades de aprendizagem;

- situações de risco familiar e social;
- distúrbios emocionais e de conduta social;
- quadros psicopatológicos leves, moderados ou crônicos;
- quadros de deficiências e limitações motoras, mentais, visuais, auditivas, cognitivas (leves, moderadas, severas e/ou profundas).

b) Utilizado com *crianças* (em creches, instituições, escolas etc.), *adolescentes* (especialmente púberes, vestibulandos, meninos de rua, adolescentes grávidas etc.), *adultos* (principalmente casais grávidos, equipes de trabalho em instituições, empresas, clubes etc.), *terceira idade* (sobretudo aposentados, em clubes, instituições, igrejas, associações de classe etc.) e *idosos* (em instituições, hospitais etc.)

3. Objetivos

a) Biológicos

- desenvolver a percepção temporal e espacial tridimensional;
- desenvolver, corrigir e aperfeiçoar o esquema corporal;
- reforçar, corrigir e aperfeiçoar o marco referencial proprioceptivo na apreciação da realidade e na estabilização da atividade nervosa superior;
- desenvolver a sensibilidade perceptiva das vibrações sonoras.

b) Psicológicos

- canalizar tensões, emoções e sentimentos;
- estreitar relações afetivas vinculares;
- elevar a autoestima, a segurança, a autoconfiança, a autonomia e a independência;
- favorecer a estruturação egoica e a definição da identidade;
- utilizar melhor as funções do Ego de discriminar e refletir sobre a realidade, desenvolvendo a capacidade de decisão para a ação com responsabilidade.

c) Sociais

- desenvolver a capacidade de relacionar-se consigo mesmo, com o mundo que o cerca e com os outros;

- dominar através da disciplina e controle corporal, seus afetos primitivos, tendo uma Escala de Valores que module sua conduta e lhe permita assumir responsabilidade por seus atos;
- desenvolver o gosto pela música e pela dança como atividades artísticas e culturais.

d) Ecológicos
- desenvolver, através da música e dos temas propostos para coreografar e executar pela dança, sensibilidade e empatia em relação às belezas da natureza;
- aprender a respeitar e a se inserir no contexto ambiental e ecológico.

e) Espirituais
- inserção no plano criativo de Deus-Natureza, com motivação e sentido para o seu viver.

4. Método

a) Linhas fundamentais de trabalho
- Assistência: atenção em prevenção, terapêutica, cura, habilitação, reabilitação, reeducação;
- Docência: fortalecimento de conhecimentos teórico-práticos da equipe de capacitação de pessoas de diferentes níveis e áreas profissionais (médicos, psicólogos, pedagogos, sociólogos, terapeutas ocupacionais, educadores, profissionais de dança, fonoaudiólogos, fisiatras etc.) em trabalho de equipe multi, inter e transdisciplinar;
- Pesquisa : avaliação permanente da aplicabilidade,evolução e resultados a ser realizada pela equipe.

b) Categorias de tratamento
- Prevenção: canalizar as dificuldades emocionais e ajudar sua elaboração;
- Cura: eliminar ou atenuar a alteração das emoções na formação da personalidade mediante a canalização de tensões e aprendizagem no relacionamento grupal.

5. Fases da sessão terapêutica

A sessão terapêutica é dividida em três fases:

- Aquecimento: nesta fase, se aplicam exercícios de deslocamento e aquecimento físico, bem como de alongamento muscular;
- Dança e expressão: são trabalhados diversos tipos de danças, e os pacientes são estimulados a criar movimentos;
- Expressão criativa: a dinâmica inclui proposta de temas – observados no grupo e escolhidos pela equipe – a serem coreografados e dramatizados, com posterior reflexão e discussão sobre como se sentiram. Também pode ser incluída a prática de relaxamento, com o intuito de estabelecer contato mais profundo com o próprio corpo.

Sobre a autora

Amélia Thereza de Moura Vasconcellos (Palmeira, PR, 1929) é professora universitária, médica neuropediatra, psiquiatra e pioneira da psicanálise de crianças, adolescentes e família no país. Formou-se no Paraná, mostrando desde logo sua vocação para a vida associativa intensa na universidade e no diretório acadêmico, bem como seu interesse em ampliar sua formação, tanto como estagiária no Rio de Janeiro, durante as férias da faculdade, quanto ao fazer Internato e Residência na Universidade de São Paulo, antes mesmo de sua obrigatoriedade.

Moléstias infecciosas e parasitárias, Pediatria, Otorrinolaringologia, Ginecologia e obstetrícia, Medicina tropical, Neuropsiquiatria, Psiquiatria, Psiquiatria infantil são alguns dos campos nos quais ela se aplicou em busca de aperfeiçoamento, enquanto mantinha clínica particular de pediatria em Curitiba, chefiava o Ambulatório de Pediatria do Hospital Vítor do Amaral e lecionava a matéria na Universidade Federal do Paraná. As múltiplas atividades continuaram depois que ela se estabeleceu em São Paulo.

Na capital paulista, organizou e dirigiu durante quatro anos o Ambulatório de Neuropsiquiatria Infantil do Hospital Ipiranga (antigo Iapetec) e, por doze anos, o Serviço de Psiquiatria Infantil do Hospital do Servidor Público do Estado de São Paulo (HSPE), onde também chefiou por quatro anos o Setor de Medicina Preventiva do Serviço de Medicina Social, coordenou por dois anos o Grupo de Pediatria Social, criou e coordenou as equipes de Prevenção em Saúde Mental também por dois anos.

Fez formação psicanalítica e frequentou a primeira turma do Curso Oficial de Formação de Analista de Crianças e Adolescentes no Instituto de Psicanálise da Sociedade Brasileira de Psicanálise de São Paulo, tendo sido fundadora do Centro de Estudos Luiz Vizzoni, que presidiu por duas gestões consecutivas, quando organizou cursos destinados a formação e especialização de psicoterapeutas de crianças e adolescentes na capital. Estudou também terapia familiar e coordenou, durante mais de dez anos, o "Grupo de Estudos da Família da Terça-Feira", em São Paulo, aprofundando temas e trocando experiências sobre terapia familiar.

Em paralelo, tocava sua atuação associativa. Sócia-fundadora da Associação Brasileira de Neurologia e Psiquiatria Infantil (Abenepi), ocupou cargos em diferentes gestões tanto no capítulo paulista quanto na Abenepi nacional, quando colaborou na organização e programação científica de dois congressos nacionais (São Paulo e Blumenau). Em 1995, organizou o programa científico e presidiu o X Congresso Latino-Americano de Psiquiatria da Infância e Adolescência em Curitiba (PR), ocasião em que foi fundada a Federação Latino-Americana de Psiquiatria da Infância, Adolescência, Família e Profissões Afins (Flapia), da qual se tornou a primeira vice-presidente. Em 1997, foi eleita presidente da Flapia durante o XI Congresso da entidade, realizado em Santiago do Chile. Como ex-presidente e fundadora, faz parte do Conselho Consultivo desse organismo latino-americano.

Também fundou, em 1996, a Associação Brasileira de Psicobalé (Abrapiba), que preside desde então. Pioneira dessa técnica no país, mantém as atividades de psicobalé no Ippia, Instituto de Psiquiatria e Psicoterapia da Infância e Adolescência, que fundou em 1985 e é credenciado pelo Departamento de Psicoterapia da Associação Brasileira de Psiquiatria. No instituto, sob sua direção, são ministrados cursos de formação em nível de pós-graduação em psicoterapia da infância e adolescência e cursos especiais e de aperfeiçoamento. O Ippia também trabalha em pesquisa e, com sua equipe multidisciplinar, faz atendimento clínico supervisionado de crianças, adolescentes e famílias (ambulatório) com ou sem transtornos de saúde mental. Há muitos anos, é sócia da Rede de Humanização do Nascimento, Rehuna, que procura diminuir a alta incidência no Brasil de parto por cesária e previlegia o parto natural.

Ativa na Associação Paulista de Medicina, na qual desempenhou funções durante as gestões subsequentes de 1998 a 2004, foi convidada, em 1999, a assessorar a diretora da Coordenadoria de Saúde Mental do Ministério da Saúde em assuntos referentes a criança, adolescente e família. Participou da fundação da Associação Brasileira de Psicoterapia, Abrap, em 2004, ocupando cargos de diretoria em diferentes gestões – inclusive na atual, 2007-2009 – e diante da qual tem representado a Associação Paulista de Medicina como delegada eleita com direito de voto.

Sua atuação se amplia ainda com significativas participações em simpósios e congressos internacionais, incluindo a atuação, em Montevidéu, no pré-projeto do Plano de Ação Regional de Saúde Mental da Criança para a América Latina, posteriormente adotado pela Organização Pan-Americana de Saúde (Opas) e Organização Mundial de Saúde (OMS).

Professora convidada de universidades do Brasil e do exterior, suas turnês de conferências, palestras e participações em mesas-redondas atingem cidades do Brasil de ponta a ponta, Portugal (Faculdade de Medicina de Lisboa), Washington (Organização Pan-Americana de Saúde) e várias universidades latino-americanas. Lecionou durante catorze anos na Universidade Santo Amaro (Unisa), é professora convidada do Curso de Formação de Analistas de Crianças e Adolescentes do Instituto de Psicanálise da Sociedade Brasileira de Psicanálise de São Paulo e ministra atualmente o curso de Especialização em Psicologia Hospitalar na PUC-SP. Transmite seus saberes também como autora de trabalhos científicos, publicados em periódicos especializados, e de capítulos em livros que abordam suas especialidades.

Direção editorial
MIRIAN PAGLIA COSTA

Organização da obra
IVONISE FERNANDES DA MOTTA
DÉA E. BERTTRAN

Coordenação de produção
HELENA MARIA ALVES

Edição de texto & Revisão de provas
PAGLIACOSTA EDITORIAL

Foto de capa
WORDOFALEARNER.WORDPRESS.COM

Capa, Projeto gráfico & Editoração eletrônica
MARIA CRISTALDI | ZURETA CULTURAL

CTP, Impressão & Acabamento
ASSAHI

Impresso no Brasil
Printed in Brazil

formato	*16 x 23 cm*
mancha	*11.75 x 19 cm*
tipologia	*ITI Caslon Book 11/15 (texto)*
	DNS Schrift 12.5/15 (título)
papel	*Cartão supremo 250 gr/m² (capa)*
	Pólen soft 80gr/m² (miolo)
páginas	*168*